Übungsreihen für Geistigbehinderte
– Konzepte und Materialien –
Hrsg. Susanne Dank

Lehrgang A:
Umgang mit Mengen,
Zahlen und Größen **Grundlagen**

Carin de Vries

Mathematik an der Schule für Geistigbehinderte

Grundlagen und Übungsvorschläge für Diagnostik und Förderung

verlag modernes lernen - Dortmund

Veröffentlicht in der Edition:
verlag modernes lernen • Schleefstraße 14 • D-44287 Dortmund

2. Aufl. 2010
Illustrationen: Christina Traband
Gesamtherstellung: Löer Druck GmbH, Dortmund

Bestell-Nr. 3619 ISBN 978-3-8080-0583-5

Inhalt

Danksagung

Mein Dank gilt allen interessierten Studenten und Lehrkräften meiner Seminare für ihre Rückmeldungen, meinen studentischen Hilfskräften Maren Schlagelambers und Jens Sandersfeld für weiterführende und klärende Diskussionen um Inhalt und Form, meiner Zeichnerin Christina Traband sowie Gerold Jacobs für die Rettung meiner Festplatte! Ebenso danke ich meinen Kindern Henrik und Imke für ihre Geduld und ihre Anregungen, sowie meinem Mann Romke für den inhaltsbezogenen Austausch und meinem Freundes- und Kollegenkreis für jegliche Anregung und Bestätigung.

Ebenso danke ich allen Schülern mit besonderem Förderbedarf im Bereich des Lernens und der geistigen Entwicklung und ihren Lehrkräften, mit denen ich Impulse für die weitere Arbeit entwickelt habe. Gemeinsam konnten wir lernen, dass die Begegnung mit mathematischen Fragestellungen auch viel Spaß machen kann, uns täglich in vielen Gesichtern begegnet und somit einfach zum Alltag dazu gehört.

Meiner Lektorin danke ich für die intensive Durchsicht und die hilfreichen Tipps, dem Verlag für die Geduld bezüglich der endgültigen Zusammenstellung des Skripts.

Oldenburg / Edewecht, im Januar 2006

Vorbemerkung zur 2. Auflage

Die erfreulich gute Resonanz auf das vorliegende Buch führt nun zu einer 2. Auflage. Sie ermöglicht weiteren Interessenten in Schulen, Fördereinrichtungen, (sonder-) pädagogischen Ausbildungsfeldern und betroffenen Familien einen anschaulichen und verständlichen Zugang zu diesem bisher eher vernachlässigten Bereich der sonderpädagogischen Förderung. Inzwischen konnte auch der Wunsch zahlreicher Leser nach weiteren hilfreichen diagnostischen Materialien umgesetzt werden. Das **DIFMaB** wurde auf den theoretischen Grundlagen dieses Buches entwickelt und steht für „**D**iagnostisches **I**nventar zur **F**örderung **Ma**thematischer **B**asiskompetenzen“ (2008). Es erlaubt zum einen eine diagnostische Erfassung individueller Lernvoraussetzungen mit kindgerechtem, alltagsbezogenem Abbildungsmaterial und kann zum anderen direkt zur Förderung eingesetzt werden.

Zahlreiche Erprobungen in Förderschulen und im Übergang zur Grundschule sind bereits positiv bewertet worden und bestätigen die Nützlichkeit eines solchen diagnostischen Materials in der pädagogischen Praxis. Besonders hilfreich wurden die direkte Umsetzbarkeit der beigefügten Übungsmaterialien sowie der strukturierte Förderbegleitbogen eingeschätzt. Dieser bietet eine Veranschaulichung vorhandener Kompetenzbereiche und kann dadurch auf weitere individuelle Förderschwerpunkte aufmerksam machen. Entsprechende weiterführende Übungshinweise ergeben sich für den Anwender im Rahmen der Durchführung.

Daneben wurde auf vielfachen Wunsch hin ein eigenes Arbeitsbuch zum Umgang mit Geld entworfen, da auch für diesem Anwendungsbereich bisher nur wenig hilfreiche Materialien existierten: **„Was kostet das in €uro?“** (2009). Es ist strukturiert aufgebaut und führt von einfachen zu anspruchsvolleren Übungen. Eine kurze Überprüfung rundet die Kapitel jeweils ab. Die beigefügte CD liefert alle Arbeitsblätter sowie umfangreiche Zusatzdateien. Weitere Informationen zu den Neuerscheinungen finden sich am Ende des Buches.

An dieser Stelle sei noch einmal allen interessierten und unterstützenden Kolleginnen und Kollegen herzlich gedankt, die sich intensiv mit den neuen Materialien auseinandergesetzt haben und bereit waren, diese in ihren Lerngruppen zu erproben und zu evaluieren. Ihre Rückmeldungen waren für mich sehr hilfreich. Besonderer Dank für die gute Unterstützung bei der Entwicklung der neuen Bücher gilt meinen engsten Freunden, die stets für einen Austausch zur Verfügung standen und meinem hervorragenden Redaktionsteam sowie meiner geduldigen Familie, begeisterten Kollegen und all denen, die mich in meinen Bemühungen oft bestärkten.

Oldenburg / Edewecht, im Frühjahr 2010

Vorwort

Menschen mit einer Beeinträchtigung der geistigen Entwicklung benötigen ebenso mathematische Kompetenzen wie alle Menschen, um sich in ihrer Umwelt zurecht zu finden und ihren Alltag zu bewältigen. Sie helfen ihnen, ihr Dasein in unserer Gesellschaft in weitgehend selbständiger Form in sozialer Integration gestalten und erleben zu können (vgl. ICF 2001). Wie sich im weiteren Verlauf zeigen wird, beginnt die Strukturierung und Bewältigung des eigenen Alltags nicht erst beim selbständigen Bezahlen im Rahmen des täglichen Einkaufs. Schon frühzeitig werden pränumerische Fähigkeiten entwickelt und geschult, um Handlungskompetenzen für den Alltag zu entwickeln.

Bereits zu Beginn der 60er Jahre wurde über den Sinn und den Nutzen der Kulturtechniken im Unterricht mit geistig Behinderten diskutiert (vgl. Speck 1999). Berücksichtigt man, dass mathematische Kompetenzen nach Piaget nicht erst im selbständigen Umgang mit komplizierten Rechenoperationen beginnen, sondern bereits im pränumerischen Bereich eine Hilfe zur Erschließung der Welt bedeuten, so wird ein entsprechend niveauorientierter Mathematikunterricht bereits im basalen Bereich seinen Sinn für geistig behinderte Schüler darstellen (vgl. Kornmann 2002).

Für die eigene Lebensbewältigung ist es z.B. wichtig zu wissen, in welcher Reihenfolge man die einzelnen Kleidungsstücke am Morgen anziehen muss. Das bewusste Erfassen wiederkehrender Zeitabläufe erleichtert den Tagesablauf, die sichere räumliche Orientierung im eigenen Zuhause und im Schulgebäude ermöglicht weitgehende Selbständigkeit. Daneben erweitert die zunehmende Erkenntnis, dass Ziffern und Zahlwörter in unserer Umwelt bedeutsam sind, das Selbstbewusstsein in Bezug auf das eigene Tun. Je nach Entwicklungsstand und individuellem Lernvermögen sind auch die Zielsetzungen für die jeweiligen Schüler verschiedene – und dennoch werden sie für jeden Einzelnen wichtige Bausteine seiner individuellen Welterschließung darstellen. Zudem nimmt der Einzelne stolz zumindest ein wenig an dem teil, was den nicht behinderten Mitmenschen so einfach und selbstverständlich von der Hand zu gehen scheint. So erkennt er z.B. triumphierend die eigene Hausnummer in anderen Zusammenhängen als eine bekannte Zahl wieder oder weiß einzelne Geldstücke richtig zu benennen (auch wenn er einen Einkauf nicht rechnerisch überprüfen kann, weil er auf Grund seines kognitiven Entwicklungsstandes den wahren Tauschwert nicht erfasst).

Einsicht und Kenntnisse in mathematische Zusammenhänge gehören daher auch zum festen Bestandteil des Bildungsauftrags der Schule für geistig Behinderte. Die jeweiligen Rahmenrichtlinien geben bereits Hinweise auf Inhalte und Möglichkeiten der methodischen Vermittlung, reichen aber vielen Lehrkräften in der täglichen Praxis nicht aus, um einen angemessenen Unterricht mit der besonderen Schülerschaft zu gestalten. Hilfsmittel in Form von Lehrbüchern für die Hand der Schüler gibt es kaum, sieht man von den HANDREICHUNGEN des ISB (1991) sowie einigen Heften und Ordnern der „Übungsreihen für Geistigbehinderte" ab (Hrsg. Susanne Dank), die ebenfalls als Planungs- und Gestaltungshilfe für die entsprechende Lehrkraft gedacht sind. Das dreiteilige Unterrichtswerk „Zalo Zifferli" (Blümer, Gräve, Opitz 1999) wurde in enger Anlehnung an die von Reinhard Kutzer konzipierten struktur- und niveauorientierten Schulbücher „Mathematik entdecken und verstehen" (2002) für lernschwache Schüler entwickelt.

Aus Erfahrungen der eigenen langjährigen Arbeit mit Schülern der Schule für Geistigbehinderte, im Austausch mit Kollegen, Praktikanten, ratsuchenden Eltern sowie im Rahmen der Aus- und Weiterbildung von Lehrkräften und pädagogischen Mitarbeiterinnen wurde der Wunsch nach einer Zusammenstellung von theorie- und praxisbezogenen Hilfen für die Planung und Durchführung geeigneter Maßnahmen, wie auch nach diagnostischen Möglichkeiten zur Erfassung der individuellen Lernausgangslagen deutlich. Im Laufe der Zeit konnten einzelne Bereiche genauer erprobt und hinterfragt werden, so dass an dieser Stelle der Versuch steht, dem o.g. Anliegen gerecht zu werden. Im Idealfall soll dieses Buch dazu dienen, Studierenden wie Lehrkräften und anderen bei der Förderung beteiligten Personen entsprechende Hilfen und theoretisch wichtige Grundlagen nahe zu bringen.

Anregungen zur Erweiterung und Rückmeldungen zur Handhabung werden gerne unter der am Ende des Buches angeführten Kontaktadresse entgegen genommen. Ich wünsche eine bereichernde Lektüre und eine erfolgreiche Anwendung in der schulischen und außerschulischen Praxis!

1. Theoretische Grundlagen

In der Schule für Geistigbehinderte gehört der Bereich der Kulturtechniken mit Schriftspracherwerb und Mathematik bereits seit langem zum selbstverständlichen Inhalt des Lehrangebots. Während für den Bereich Lesen und Schreiben bereits mehrere praxiserprobte Werke existieren, finden sich für den mathematischen Bereich jeweils nur wenige Bücher auf dem Markt, die zudem eher einzelne Aspekte oder Lerninhalte hervorheben. Es fehlt ein umfangreicheres Lehrbuch, das den Lehrkräften Hilfen bietet, den vielseitigen und unterschiedlichen Lernbedürfnissen der Schüler gerecht zu werden. Dieses Buch ist aus den zahlreichen geäußerten Wünschen entstanden, konkrete Hilfen für die Unterrichtsgestaltung auf einer soliden theoretischen Basis zu erhalten. Ich hoffe, dies ist in weiten Teilen gelungen.

Bewusste Erinnerungen an den eigenen Mathematikunterricht beginnen meist mit dem Besuch der Grundschule, den Schreibübungen von Zahlen, ggf. Muggelsteinen, die hin und hergeschoben wurden und natürlich Rechenoperationen, häufig in Form von sogenanntem „Päckchenrechnen". Für die Schülerschaft mit einem besonderen Förderbedarf im Bereich der geistigen Entwicklung beinhaltet der Mathematikunterricht aber mehr. So gehört der gesamte pränumerische Bereich als wesentlicher und grundlegender Baustein zum Unterricht und dies nicht nur in den unteren Stufen, sondern auch für Schüler mit umfangreicherem Förderbedarf in höheren Klassen. Daneben fällt es vielen Schülern aufgrund mangelnder Abstraktionsfähigkeit schwer, gleich auf sehr abstraktem Niveau mit Zahlen als Symbolträgern für Mengen umzugehen, so dass dieses Buch einen wesentlichen Blick auch auf die Auseinandersetzung mit Lerninhalten auf den unteren Niveauebenen lenkt. Um die Einschätzung der vorhandenen Lernkompetenzen zu erleichtern, wird das bereits im Bereich der Lernhilfe erfolgreich umsetzbare Prinzip eines Lernstrukturgitters vorgestellt und an die Schülergruppe mit Förderbedarf im Bereich der geistigen Entwicklung angepasst.

Schüler mit einer Beeinträchtigung der geistigen Entwicklung weisen einen erhöhten Förderbedarf in mehreren Entwicklungsbereichen auf. Besonders auffällig ist immer wieder neben dem Bedarf an einer Ausbildung lebenspraktischer Fertigkeiten in vielfältigen Alltagssituationen ein Entwicklungsrückstand gerade im Bereich der kognitiven Entwicklung. So haben Schüler mit einer geistigen Beeinträchtigung häufig Schwierigkeiten, abstrakt zu denken, Handlungen vorweg zu planen, sind an konkrete Materialien und bekannte Situationen gebunden und wirken oft wenig flexibel. Im schulischen Alltag stoßen fachfremde Lehrkräfte auf unerklärliche Schwierigkeiten von Schülern, aus eigener Sicht „einfache“ Inhalte des Mathematikunterrichts zu verstehen und selbständig anzuwenden. Man hat doch die Zahl „2“ geübt, der Schüler kann sie inzwischen kneten, mit Schnüren legen, wiedererkennen und sogar schon ganz gut nachspuren oder gar selbständig schreiben. Aber warum scheint er dann nicht zu wissen, dass sich hinter diesem Zeichen „2“ immer zwei Dinge verbergen? Um diese und weitere Fragen zu beantworten, ist es notwendig, sich mit einigen theoretischen Grundlagen zu beschäftigen.

1.1 Haus der Mathematik

Zunächst einige Gedanken zum Aufbau mathematischer Kompetenzbereiche allgemein. Ein einfaches Modell stellt folgende Skizze von einem „Haus der Mathematik“ dar. Es veranschaulicht einsichtig, dass zunächst ein tragfähiges Fundament gesetzt werden muss, bevor weitere Etagen oder gar ein Dach das Haus vollenden.

In diesem Fall stellt der gesamte sogenannte „pränumerische Bereich“ (vorzahliger Bereich) das Fundament dar. Wie der Name schon zeigt, handelt es sich hier um mathematische Vor-Kompetenzen, die ohne Ziffern und arithmetische Zeichen auskommen und dennoch die eigentliche Grundlage dafür bilden. In Anlehnung an ein bekanntes Modell aus der Frühförderung ließe sich die gleiche Abfolge auch in einem gut verwurzelten Baum darstellen; ohne eine feste Verankerung durch Wurzeln (pränumerischer Bereich), aus dem sich ein kräftiger Stamm entwickelt (Zahlbegriff), kann keine feste und große Baumkrone entstehen (Rechenfertigkeiten).

Im Verlauf einer nicht behinderten Entwicklung bilden die Kinder diese Kompetenzen bereits vor der eigentlichen Schulzeit aus, indem sie sich aktiv handelnd und bewusst reflektierend mit Phänomenen und Fragestellungen in ihrer unmittelbaren Lebenswelt auseinander setzten und somit wichtige Einblicke in Regelhaftigkeiten und logische Zusammenhänge erfahren. Diese helfen ihnen, ihre Welt zu strukturieren und sich besser in ihr zurecht zu finden.

Eine darauf folgende Entwicklungsphase bildet die Einsicht in die verschiedenen Aspekte des Zahlbegriffs, die es den Kindern erlaubt, Zahlen in ihrer Funktion als Gegenstandsvertreter für völlig unterschiedlich zusammen gestellte Mengen unabhängig von Ort und Zeit zu nutzen. Das bedeutet, sie können mit Zahlen Dinge berechnen, die momentan gar nicht sichtbar vorhanden sein müssen.

Zusammenfassend ist es also notwendig, als Lehrkraft und Lernbegleiter selber über Fachwissen in folgenden Bereichen zu verfügen:

- In welcher Reihenfolge findet eine kognitive Entwicklung statt?
- Wie baut sich der pränumerische Bereich auf?
- Welche Bedeutung hat der „Zahlbegriff“?
- Wann beginnen „Rechenoperationen“?
- Welche Ebenen der Abstraktion gibt es?

Ich möchte diese Zusammenhange in einem förderdiagnostischen Säulenmodell darstellen, welches die genannten Aspekte in ihrer jeweiligen Bedeutung hervorhebt:

Die tragenden Säulen bedeuten zum einen Einsicht in logische Entwicklungsfolgen der geistigen Entwicklung beim Kind (Piaget), zum anderen Kenntnis über die verschiedenen Niveauebenen der Abstraktion (Aebli) sowie über mathematische Basiskompetenzen im vorzahligen Bereich (Pränumerik) als Voraussetzung für den Erwerb des Zahlbegriffs, der als „Schlüssel“ zur eigentlichen Zahlenwelt dient:

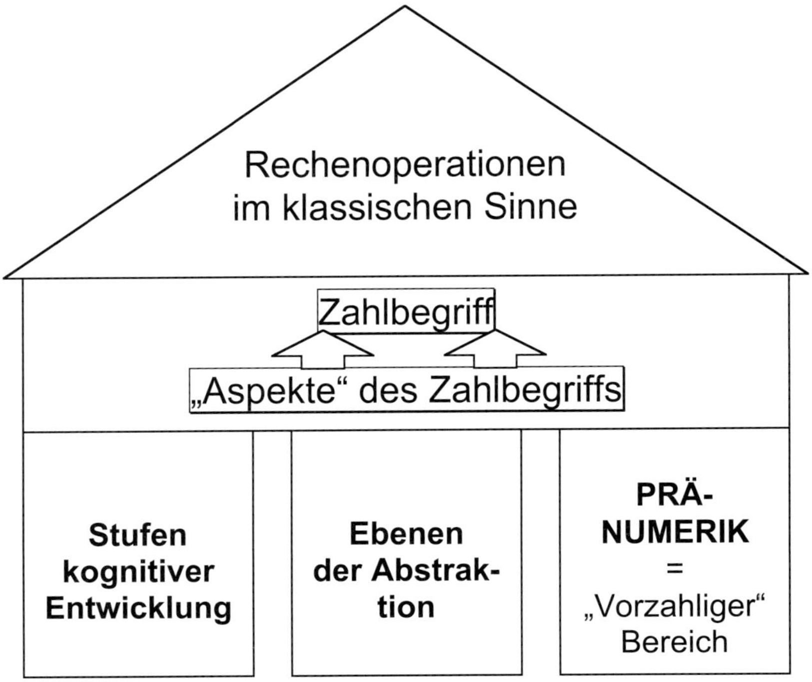

Hinweise zu den einzelnen tragenden Säulen:

Der schweizer Psychologe Jean Piaget (1896 – 1980) beschäftigte sich in seinen Studien vor allem mit der Entwicklung des (logischen) Denkens bei Kindern. Nach seinen Untersuchungen verläuft die Entwicklung des Denkens in aufeinander aufbauenden Phasen, angefangen von den Reflexen beim Neugeborenen bis hin zum formal-systematischen Denken der Erwachsenen.

Dies bezieht sich zunächst auf eine normale, nicht beeinträchtigte Entwicklung. Geht man davon aus, dass sich die Entwicklung bei Kindern mit Beeinträchtigungen im Sinne einer umfangreichen Entwicklungsverzögerung in der Regel in der gleichen Abfolge abspielt, so bietet folgende Übersicht eine gute Hilfe. Bei Schülern mit einer geistigen Beeinträchtigung zeigt sich jedoch ein wesentlich verlangsamter Verlauf, der in der Regel auch nicht bis zur Höchststufe des formal-systematischen Denkens führt (Ausnahmen z.B. Schüler mit Asperger-Syndrom, die eher aufgrund von autistischen Verhaltensweisen eine Schule für geistig Behinderte besuchen).

Viele Kinder mit Beeinträchtigungen befinden sich bei Schuleintritt noch nicht in einer altersentsprechenden Phase der Entwicklung. Deshalb werden in diesem Buch auch die vorangegangenen Entwicklungsphasen besonders berücksichtigt, um den Kindern in Bezug auf schulisches Lernen eine ihnen angemessene Förderung anbieten zu können. Die vier Entwicklungsphasen nach Piaget bauen wie folgt aufeinander auf:

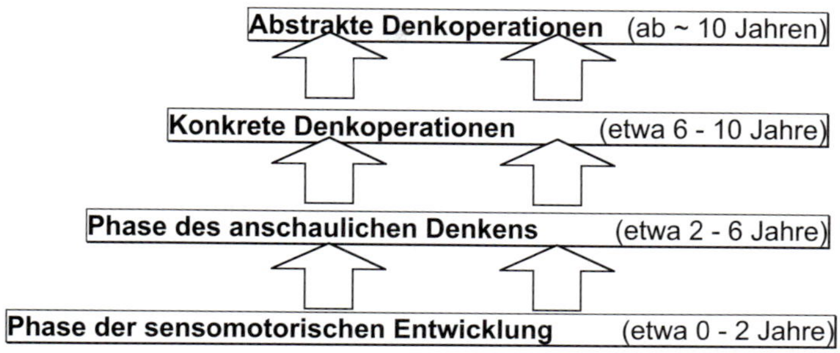

In den aufeinander aufbauenden Phasen bilden sich spezifische Fähigkeiten aus, die in ihrer jeweiligen Bedeutung für den Aufbau mathematischer Kompetenzen im folgenden näher erläutert werden. In der sensomotorischen Phase entwickelt das Kind erste erfolgreiche Handlungsmuster, mit denen es seine Umgebung erfolgreich erkunden und „erobern“ kann. Als Abschluss dieser Phase kann die Ausbildung der **Objektpermanenz** gesehen werden, die es ihm ermöglicht, sich Dinge vorstellen zu können, auch wenn es sie gerade nicht real vor sich sieht.

Merke:

Die **Objektpermanenz** ist die grundlegende Voraussetzung, dass man später mit Zahlen als Gegenstandsvertretern für Dinge, die man im Moment gar nicht sieht, im Rahmen von Rechenoperationen umgehen kann.

1.2 Bedeutung der Phase des anschaulichen Denkens

Im Anschluss an die sensomotorische Phase baut das Kind seine Möglichkeiten der aktiven handelnden Auseinandersetzung mit seiner Umwelt aus. So entwickelt es das **Symbolspiel,** indem es z.B. mit Puppen oder Spielfiguren umgeht, als seien es Personen aus seinem realen Alltag (**Symbolfähigkeit**). Dieses Rollenspiel spiegelt die verinnerlichten Erfahrungen aus voran gegangenen Handlungen mit der Umwelt wieder und verdeutlicht, warum Denken auch als „verinnerlichtes Handeln“ beschrieben wird. Ohne diese Fähigkeit können später Zahlen nicht als Symbol für eine unveränderliche Anzahl einer bestimmten Menge verwendet werden.

Merke:
Die Fähigkeit zur **Symbolbildung** ist Voraussetzung für die Verwendung von Zahlen als Symbole/Gegenstandsvertreter für jeweils eine bestimmte unveränderbare Menge (z.B. „2“ für zwei Dinge unabhängig ihrer Eigenschaft oder Anordnung im Raum).

Die Entwicklung von Sprache als Ausdrucksmittel von Gedanken eröffnet die Möglichkeit des handlungsbegleitenden Sprechens zur Verdeutlichung und Erläuterung von Zusammenhängen und Abläufen in der Umwelt.

Merke:
Die Fragen und Erklärungen von Kindern bezüglich ihrer wahrgenommenen Probleme beim Lösen von Aufgabenstellungen mit mathematischen Inhalten können uns Auskunft über ihr Denken und ihren Entwicklungsstand geben. Es ist sinnvoll, Kinder erläutern zu lassen, **warum** sie zu einer Lösung dieser Art gekommen sind, auch wenn die Lösung an sich nicht richtig ist. Die Erklärungen der Kinder ermöglichen uns ggf., ihnen eher hilfreiche Impulse als Denk-Anstöße zu geben.

Im Verlauf dieser Phase lernt das Kind, seine Aufmerksamkeit auf bestimmte Merkmale von Dingen, Personen, Situationen oder Handlungen zu richten. Es merkt sich, was „prägnant“ für eine Sache ist (z.B. Farbe, Größe, Form, Rahmenbedingungen etc.). Dabei zeigt es noch eine sehr ich-bezogene Sichtweise und lernt erst später, dass die Wahrnehmung bestimmter Dinge oder Situationen vom jeweiligen Standpunkt des Betrachters abhängt. So lange sich die Kinder noch in der Phase des anschaulichen Denkens befinden, glauben sie das, was sie sehend als „wahr“ erleben können. Sie sind noch einer sehr egozentrierten, auf sich bezogenen Perspektive und Sichtweise verhaftet. So entwickelt sich erst langsam die Einsicht, das Mengen (z.B. Bonbons) sich nur verändern, wenn einzelne Elemente in einer Handlung weggenommen oder hinzugelegt werden. Lange Zeit kann man die Kinder irritieren, indem man einfach die räumliche Ausdehnung der Teile (nicht ihre Anzahl selbst) verändert. Am Ende der anschaulichen Phase hat sich die Fähigkeit entwickelt, sich nicht mehr durch alleiniges Verschieben der Elemente in der Mengenerfassung täuschen zu lassen; sie verfügen dann über den Begriff der **Invarianz**. Diese Einsicht ist wichtige Voraussetzung, mit Mengen als konstanten Größen überhaupt rechnen zu können.

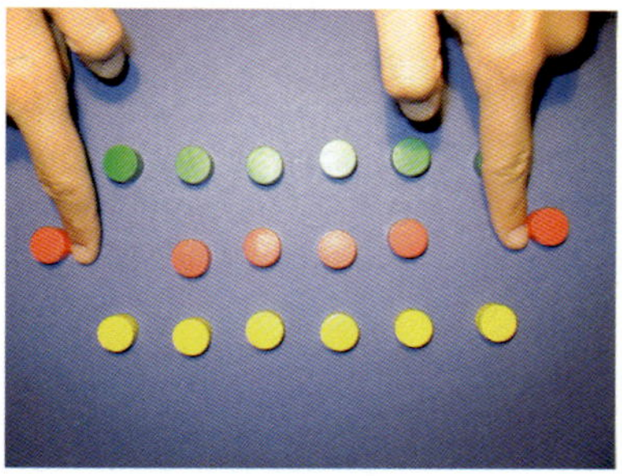

Trotz Verschieben der Elemente der einzelnen Reihen bleiben es überall gleich viele!

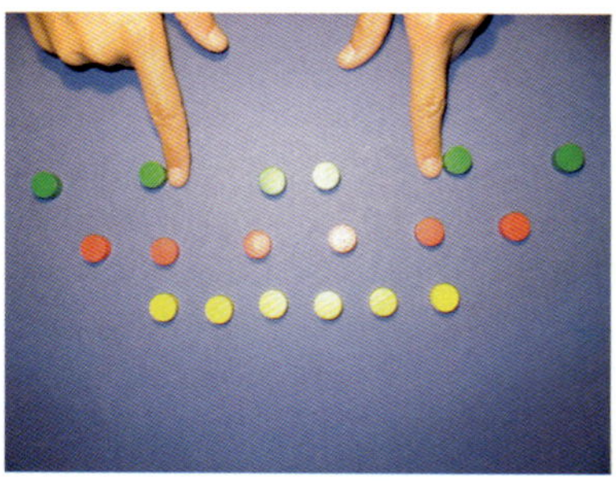

Dieser Sachverhalt ist für Erwachsene selbstverständlich. Kinder gelangen erst durch **eigenes Überprüfen** und **Entdecken** zu der Einsicht, das dies so ist.

Merke:
Erst wenn man über den Begriff der **Invarianz** verfügt, kann man mit Mengen als unveränderbaren Größen unabhängig von ihrer räumlichen Anordnung rechnerisch umgehen.

Am Ende der anschaulichen Phase entwickelt sich die Einsicht in den Zahlbegriff und ermöglicht den Übergang in die Phase der konkreten Operationen.

Der Zahlbegriff umfasst 5 verschiedene Aspekte, von denen viele nur den Ordinal- und den Kardinalaspekt kennen. Daneben sind aber auch der Abstraktionsaspekt, das Eineindeutigkeitsprinzip und das Prinzip der Irrelevanz der Anordnung (entspricht in etwa der Invarianz) wichtig. Erst die Einsicht in sämtliche Aspekte, die im folgenden erläutert werden, ermöglicht den Weg zum eigentlichen **Zahlbegriff** als Schlüssel zur Zahlenwelt.

Merke:
Verfügt ein Kind über den **Zahlbegriff**, kann es Mengen durch eindeutiges Abzählen unter Berücksichtigung der richtigen Zahlwortreihe in ihrer Mächtigkeit benennen, unabhängig von der Eigenschaft ihrer Elemente und ihrer räumlichen Anordnung.

Es sind bestimmte Regeln und Vorgaben als übereinstimmende Absprachen unter allen Menschen, die rechnerisch mit Zahlen als Gegenstandsvertreter umgehen, notwendig, damit jeder bei den gleichen Rechenoperationen auch zu einem übereinstimmenden Ergebnis kommt.

Die Einsicht in die verschiedenen Zahlaspekte erfolgt auf der Grundlage von Entwicklungsfolgen im pränumerischen Bereich, die jeweils eine Art Weg bereitende Hinführung darstellen. So ist die 1:1 - Zuordnung nur möglich, wenn ein Kind zuvor das Prinzip einer Stück-für-Stück - Zuordnung begriffen hat (z.B. jeder sitzt auf einen Platz, jedes Kind hat seinen Haken an der Garderobe, jedes Kind seinen Namen usw.); das Prinzip der stabilen Ordnung der Zahlenreihe baut sich auf Erfahrungen im Umgang mit Reihen auf (Warteschlangen vor Mc Donald's, vor der Kasse, alle stehen nebeneinander, einer nach dem anderen steigt in den Bus ein usw.); Den Invarianzbegriff versteht ein Kind erst, wenn es erlebt hat, dass eine Menge von Dingen immer gleich bleibt, egal, wie diese auf dem Tisch liegen (ob nebeneinander, aufeinander, verstreut, geordnet...).

Im folgenden sei die Stufenfolge im pränumerischen Bereich in ihrer Abfolge übersichtlich aufgelistet und mit je einem prägnanten Bild anschaulich ergänzt. Im Anschluss daran findet sich eine Auflistung der wesentlichen Aspekte des Zahlbegriffs, dessen Prinzipien durchaus getrennt bewusst gefördert werden können, aber nur im gemeinsamen Zusammenspiel einen sachgerechten Umgang mit Zahlen im Rahmen von Rechenoperationen ermöglichen.

Stufenfolgen praenumerischer Bereich

1. **Körperschema**
   als Grundlage der räumlichen Orientierung

2. **Gruppen und Untergruppen**
   bilden (meist nach subj. Gebrauchswerten!)

3. **Merkmale von Gegenständen**
   feststellen (visuell, taktil, akustisch etc.)

4. **Gruppen und Untergruppen**
   nach erarbeiteten Merkmalen bilden

5. **Raumbegriffe gewinnen**

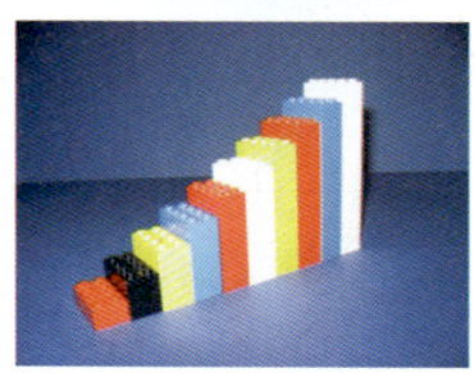

6. **Reihen bilden**
   Seriationen nach 1, 2 od. mehreren Merkmalen

7. **Gleichheit von Gegenstandsmengen erfassen**
   (nach optischer Einschätzung)

8. **Stück-für-Stück-Zuordnungen**
erkennen und vornehmen

9. **Grundsatz der Mengenerhaltung**
erkennen (Invarianz!)

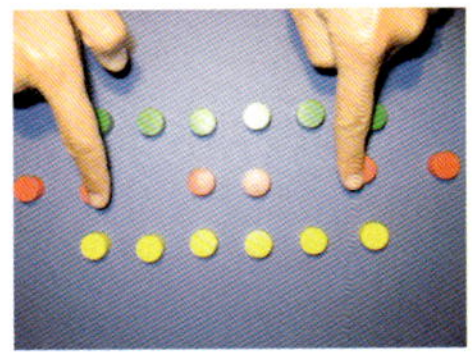

Die Kenntnis über die verschiedenen aufeinander aufbauenden Entwicklungsphasen, die Berücksichtigung der unterschiedlichen Ebenen der Abstraktion und die Stufenfolgen der einzelnen Bereiche der Pränumerik bilden die Voraussetzungen, geeignete Lernsituationen zu schaffen, um Schülern lernbegleitend Einsicht in die Aspekte des Zahlbegriffs und darauf aufbauender Rechenfertigkeiten zu vermitteln.

Aspekte des Zahlbegriffs
nach Gelman & Gallistel 1978

1. **Eineindeutigkeitsprinzip**
1:1-Zuordnung
von Zahlwort und Gegenstand

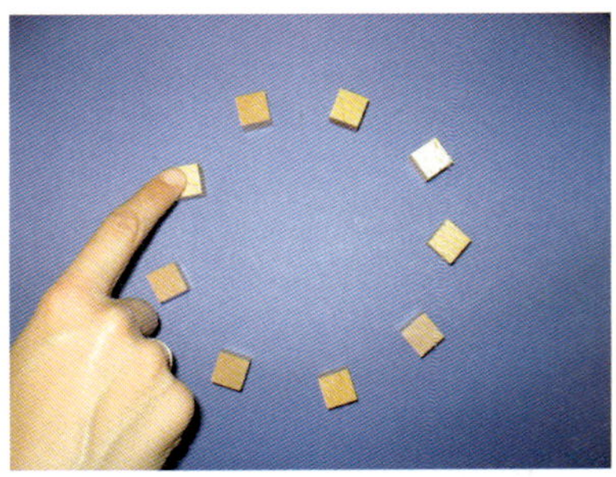

2. **Prinzip der stabilen Ordnung**
feste Ordnung der Zahlwortreihe:
eins, zwei, drei, vier, ...

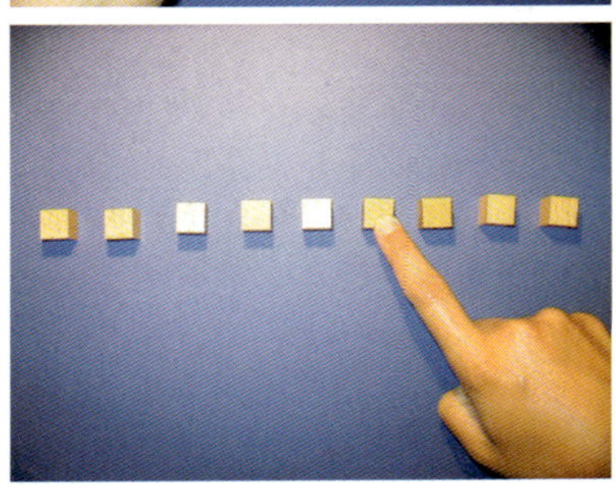

3. Kardinalprinzip
Letzte Zählzahl gibt Anzahl der Elemente an

4. Abstraktionsprinzip
beliebige Elemente können gezählt werden, unabhängig von ihren individuellen Eigenschaften

5. Irrelevanz der Anordnung
Räumliche Anordnung der Elemente ist unwichtig für das Ergebnis

Invarianz

Hat ein Schüler über die verschiedenen Zahlaspekte die wichtige Erkenntnis gewonnen, dass Zahlen als abstrakte Begriffe in Form von Symbolen für eine immer gleich bleibende Mächtigkeit einer Menge dienen, unabhängig von der jeweiligen Anordnung und Eigenschaft der einzelnen Elemente und jede Zahl in Beziehung zu anderen Zahlen steht, d.h. einen Vorgänger und einen Nachfolge hat, so verfügt er über den **Zahlbegriff** als „Schlüssel" zur Zahlenwelt und den Rechenoperationen.

In der Phase des anschaulichen Denkens fällt es dem Kind noch schwer, gleichzeitig auf mehrere Aspekte oder Merkmale zu achten. Zudem zeigt sich durch seine Zentrierung auf Zustände eine mangelnde Beweglichkeit im Denken, die es erst im Übergang zur nächsten Phase des **operationalen Denkens** zu Gunsten eines reversiblen Denkens aufgeben kann (Zurückverfolgen von Handlungen auf den Ursprung).

1.3 Bedeutung der Phase der konkreten Operationen

Mit dem Abschluss der Phase des anschaulichen Denkens und dem Erwerb des **Zahlbegriffs** sind die Voraussetzungen geschaffen, um in der Welt der sogenannten **Rechenoperationen** zurecht zu kommen. So kann das Kind in dieser Phase von seiner subjektiven und egozentrierten Sicht Abstand nehmen und Dinge sowie Handlungsabläufe aus verschiedenen Perspektiven sehen und einschätzen. Durch seine Erfahrungen weiß es nun, dass ein Würfel verschiedene Seiten haben kann, auch wenn es im Moment z.B. nur das 2er-Würfelbild sehen kann. Es hat Einsicht in Additions- und Subtraktionsabläufe als zueinander gehörig, dass heißt, es kann Mengen durch Hinzugeben und Wegnehmen immer wieder auf die ursprüngliche Menge zurück führen (z.B. **3 + 2 = 5** und **5 – 2 = 3**).Diesen Vorgang nennt Piaget Reversibilität, was soviel bedeutet wie Rückführung auf den Ursprung. Im Alltag entwickelt sich aus dieser Einsicht auch das vorausschauende Denken, das z.B. auch zur Vermeidung der Wiederholung von begangenen Fehlern oder Risiken lebensbedeutsam ist. Hat ein Kind bspw. versehentlich seinen Becher zu weit am Tischrand abgesetzt und kippt diesen deshalb mit dem Ellenbogen beim Essen vom Tisch, so kann es sich am nächsten Tag unter Hinweis auf das Missgeschick vom Vortag an den Ablauf erinnern und den Becher vorsichtshalber weiter auf den Tisch stellen, um ein erneutes Herunterfallen zu vermeiden. Diese Fähigkeit erfordert bereits ein gewisses Maß an Flexibilität in der Vorstellung (Hin- und Herdenken), das vielen geistig behinderten Schülern aufgrund der Beeinträchtigung im kognitiven Bereich und dem damit häufig verbundenen mangelhaften Abstraktionsvermögen schwer fällt. Schüler, die die Phase der konkreten Operationen erreichen, vermögen bereits Rechenaufgaben zu lösen, sind dabei aber oft noch auf konkrete Materialien zur Veranschaulichung angewiesen. Bei der Gestaltung von Arbeitsblättern sollte daher darauf geachtet werden, dass eine hohe Übereinstimmung zwischen den abstrakt dargestellten Elementen und den konkret benutzten Arbeitsmitteln besteht. Doch darauf wird noch im Zusammenhang mit den verschiedenen Abstraktionsstufen näher eingegangen.

Merke:
Mit Hilfe des **Zahlbegriffs** ist ein Kind in der Lage (ggf. erst mit konkreten Materialien zur Veranschaulichung) Rechenoperationen durchzuführen. Lernt es entsprechende Umkehraufgaben zu bilden, die zum

Ursprung der Aufgabe zurück führen, so verfügt es auch über die **Reversibilität** als wesentliches Merkmal der **operationalen Phase**.

1.4 Bedeutung der formalen Denkoperationen

Kinder, die in der Lage sind, eigenständig Regeln abzuleiten und deduktive Schlüsse zu ziehen und dies möglichst noch auf abstrakter Denkebene, sind selten in einer Schule für geistig Behinderte zu finden. Entweder, es handelt sich hier um sogenannte „typische Grenzfälle“ zum Förderbedarf im Bereich des schulischen Lernens oder es sind Schüler mit autistischen Verhaltensweisen (meist mit Asperger Syndrom), die zwar zu relativ hohen Denkleistungen in der Lage, aber ohne entsprechend intensive Unterstützung und Begleitung bei lebenspraktischen Abläufen völlig überfordert sind. Für diese Lerngruppen sollte z.B. mit Hilfe eines sprachfreien Intelligenztestes wie dem S.O.N.-R. 5 1/2 - 17 abgeklärt werden, inwieweit sie gerade im Bereich der Kulturtechniken und des Lernbereichs Mathematik nicht besondere Aufgaben entsprechend ihrem Leistungsniveau im Rahmen einer inneren Differenzierung erhalten sollten oder gar diese Lernbereiche als „Gast“ in höheren Lerngruppen als äußere Differenzierungsmaßnahme kennen lernen sollten.

Merke:
Die Phase der **formalen Denkoperationen** ist gekennzeichnet durch ein hohes Maß an **Abstraktionsfähigkeit** und der Fähigkeit zu **deduktiven Schlussfolgerungen**.

Insofern kann diese Phase auf kognitiver Ebene auch als Grenze zwischen Menschen mit und ohne besonderen Förderbedarf im Bereich der geistigen Entwicklung angesehen werden. Hier macht sich unabhängig vom jeweiligen Lebensalter der Abstand zu Menschen ohne eine Beeinträchtigung im Bereich der geistigen Entwicklung am deutlichsten bemerkbar. Auch in der Übersicht der Piaget’schen Stufen entspricht das Lebensalter für diese Phase etwa dem Übergang von der Grundschule zu weiterführenden Schulen, also um die 10 Jahre.

Nach den Hinweisen auf die Bedeutung der jeweiligen Stufen für den Aufbau mathematischer Kompetenzen soll im folgenden auf die Bedeutung der verschiedenen Ebenen der Abstraktion aufmerksam gemacht werden. Diese haben eine wesentliche Bedeutung hinsichtlich der Planung und Gestaltung von differenzierten Unterrichtsangeboten im mathematischen Bereich. In der Regel kann gesagt werden, das zwei Aspekte bei der individuellen Lehrplanung besonders berücksichtigt werden müssen: Zum einen der **Entwicklungsstand** des jeweiligen Schülers und zum anderen seine **Abstraktionsfähigkeit**.

Nachdem im ersten Theorieteil die Bedeutung der jeweils aufeinander aufbauenden Entwicklungsstufen aufgezeigt wurde, wird im folgenden Kapitel die Bedeutung der verschiedenen Zugangsmöglichkeiten der Abstraktionsebenen, angefangen vom Umgang mit konkretem Material über Bilder, Skizzen und Zahlen als Symbole für Mengen (Gegenstandsvertreter) hervorgehoben.

1.5 Bedeutung der Abstraktionsebenen

Viele Schüler mit einer geistigen Behinderung zeigen Schwierigkeiten im Umgang mit abstrakten Darstellungen von Handlungsabläufen in Form von Rechenaufgaben auf unterschiedlich reizüberfluteten Arbeitsblättern. Woran liegt das? In der Regel baut sich die Fähigkeit, in dieser Ansammlung von Zahlen und Zeichen einen erfassbaren Sinn zu erkennen, erst allmählich auf. Zunächst muss man im Umgang mit konkreten Materialien handelnd bestimmte Abläufe und Zusammenhänge kennen lernen und diese dann verinnerlichen. Dann folgt die Phase, in der man diese Situationen und Handlungsabläufe auf Abbildungen wieder erkennt, zunächst aufgrund einer hohen bildlichen Übereinstimmung mit der realen Situation (z.B. an Hand von Fotos). Als nächsthöhere Ebene kann man das Wiedererkennen auf skizzierter, zeichnerischer Abbildung bezeichnen. Als höchste Ebene folgt die symbolische Abbildung, im mathematischen Bereich eben durch Zahlen und arithmetische Zeichen wie „+" und „-". Oft wird im Mathematikunterricht gleich auf dieser höchsten Ebene angesetzt, vermutlich, weil man es aus der eigenen Schulzeit so verinnerlicht hat. Da Schüler mit einer geistigen Behinderung jedoch oft noch nicht über altersentsprechende kognitive Fähigkeiten verfügen, lohnt sich ein Blick auf die verschiedenen möglichen Zugangsweisen bezüglich der Abstraktionsebenen. Zudem wird deutlich, dass sich mathematische Kompetenzen auch im Umgang mit konkreten Materialien fördern lassen und nicht unbedingt von der Fähigkeit, Zahlen schreiben zu können, abhängen muss:

Ebenen der Abstraktion

Eine Bearbeitung einer Rechenaufgabe wie z.B. $2 + 1 = 3$ kann auf folgenden Ebenen erfolgen, je nach Abstraktionsmöglichkeiten des Schülers, also inwieweit er z.B. auf unterster Ebene noch an den Umgang mit konkretem Material gebunden ist:

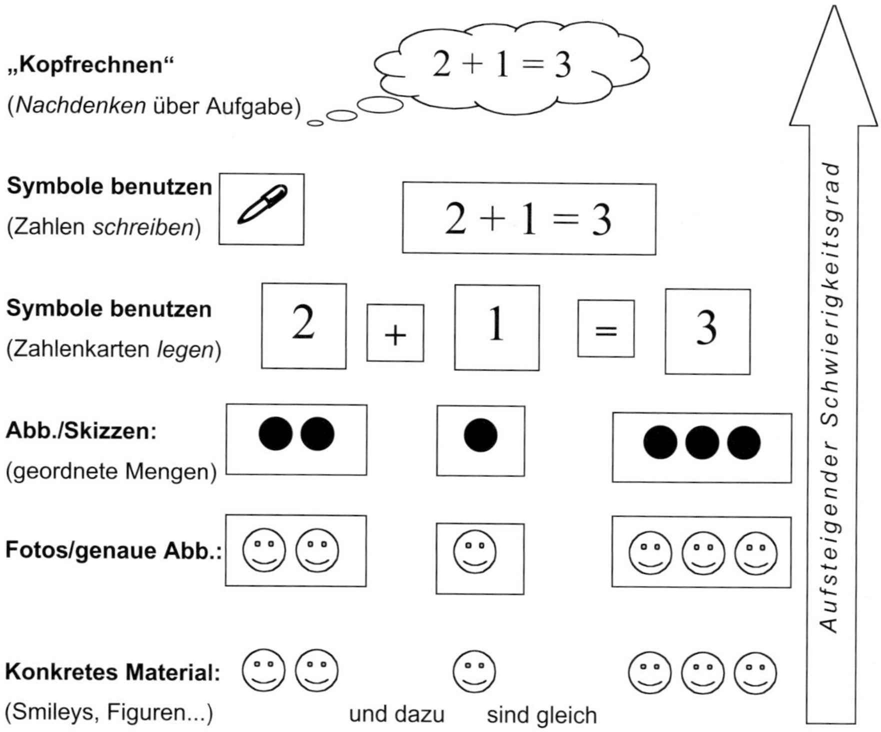

1.6 Rechenaufgaben als symbolisch dargestellte Handlungsabläufe

Grundsätzlich sollte den Schülern die Einsicht vermittelt werden, dass Zahlen und arithmetische Zeichen die Möglichkeit eröffnen, Handlungsabläufe verkürzt symbolisch darzustellen. Das bedeutet, dass sich hinter einer Aufgabe auch eine vorstellbare Handlungsabfolge verbirgt, die unterschiedliche Inhalte hat, aber die gleiche Darstellung.

So kann die Aufgabe „3 + 2 = 5“ ganz verschiedene Situationen abbilden:
z.B.: 3 Kinder spielen in der Sandkiste, 2 kommen hinzu; nun spielen insgesamt 5 Kinder in der Sandkiste.
oder: 3 Autos stehen schon auf dem Parkplatz, 2 kommen hinzu; nun stehen 5 Autos auf dem Parkplatz.
oder: 3 Leute fahren im Zug, am Bahnhof steigen 2 Leute dazu; nun fahren 5 Leute im Zug.

Wichtig ist, dass sich durch Hinzukommen oder Weggehen die jeweiligen Mengen verändern und sich der Schüler unterschiedlichste Handlungsabfolgen oder Situationen dazu vorstellen kann. Man kann natürlich auch jeweils die Situationen aufmalen oder abbilden, im Alltag dienen Zahlen aber meist dazu, Sachverhalte vereinfacht symbolisch darzustellen und flexibel mit ihnen umzugehen.

Zahlen vereinfachen den Alltag in vielen Lebensbereichen. Da es aber gerade Schülern mit Beeinträchtigungen im kognitiven Bereich schwer fällt, flexibel mit abstrakten Symbolträgern umzugehen, werden sie jeweils nur im begrenzten Maße Zugang zur Zahlenwelt gewinnen und Kompetenzen erwerben.

Der einleitende Theorieteil sollte Möglichkeiten aufzeigen, die Schüler auf unterschiedlichen Entwicklungsstufen und verschiedenen Abstraktionsebenen im Bereich Mathematik zu fördern. Im nächsten Kapitel werden praxisbezogene Übungen aufgeführt, die eine direkte Umsetzung in den eigenen Unterricht unter Berücksichtigung der jeweiligen Schülerschaft erlauben.

Zum Abschluss des ersten Kapitels erfolgt noch einmal zusammenfassend eine Zuordnung mathematisch bedeutsamer Kompetenzen (im Rahmen hervorgehoben) zu den jeweiligen Entwicklungsphasen Piagets. Da sich viele Schüler mit Beeinträchtigungen im Bereich der geistigen Entwicklung in der Phase des anschaulichen Denkens befinden, ist dieser Phase im Buch ein besonderes Augenmerk gewidmet. Leistungsstärkere Schüler erreichen zumeist auch die Phase der konkreten Denkoperationen, zu der im hinteren Teil des Buches entsprechende Anregungen gegeben werden.

Entwicklungsphasen nach J. Piaget

I Sensomotorische Phase **(etwa bis 2 Jahre)**

– Angeborene Reflexe *(Neugeborenenperiode)*

– Ausbildung von Handlungskompetenzen

– Übergang vom sensomotorischen Intelligenzakt zur „Vorstellung"

(Ausbildung der **Objektpermanenz**)

II Anschauliches Denken **(etwa 2 – 6 Jahre)**

– vorbegrifflich-anschauliches Denken ~ 2 – 4 Jahre

– anschauliches Denken ~ 4 – 7 Jahre

Symbolfähigkeit, primärer Spracherwerb, Invarianz, Zahlbegriff

III Konkrete Operationen ~ 7 – 9 Jahre

Dezentrierung, Reversibilität, Gebundenheit an Konkretes

IV Formale Denkoperationen ~ ab 10 Jahre

Formale Logik, Ableiten von Regeln, deduktive Schlüsse ziehen

2. Bedeutung für die schulische Praxis

2.1 Entwicklungsbezogener Mathematikunterricht

Das bereits angesprochene Stufenmodell von Piaget ermöglicht eine Orientierung, in wie weit sich jemand bereits die Welt der Mathematik aktiv erschlossen hat (vgl. Kapitel 1). Im Rahmen geeigneter „Handlungsproben" kann sich die Lehrkraft an den Lernstand eines Schülers „herantasten"; indem sie z.B. die Kiste mit ungeordneten Legosteinen mit den Kindern ausräumt und gemeinsam mit ihnen *Klassifikationen* für kleinere Kästen erarbeitet, in denen gesuchte Teile beim Bau leichter zu finden sind (z.B. Mauer-Steine, aus denen sich noch Untergruppen wie 1er, 2er, 4er, 6er, 8er und größere bilden lassen; Dach-Steine/Fenster und Türen/Bodenplatten/Figuren usw. mit entsprechend weiter differenzierenden Untergruppen). Neben der sinnvollen Zielsetzung einer übersichtlicheren Materialecke kann die Lehrkraft solche Situationen bestens beobachtend nutzen, um sich eine Vorstellung über die Differenzierungsmöglichkeiten ihrer einzelnen Schüler zu bilden und diese bei der weiteren Planung ihres Unterrichts mit einfließen zu lassen.

Erst nach Klärung der individuellen Lernausgangslage in Verbindung mit dem Wissen um folgende Stufen ist es sinnvoll, die anstehenden Inhalte an Schülerinteressen und gegenwärtige Themenbereiche der Lerngruppe oder Klasse anzupassen. Diese Vorgehensweise ermöglicht es, den Schüler möglichst weder zu unter- noch zu überfordern. Eine Auseinandersetzung mit mathematischen Inhalten auf dem jeweiligen Entwicklungsniveau bildet neben der entsprechenden methodischen „Einkleidung" eine wichtige Voraussetzung für einen erfolgreichen Mathematikunterricht in jeder Schulform.

Zu einem niveauorientierten Ansatz gehört es auch, die unterschiedlichen Abstraktionsmöglichkeiten der Schüler zu berücksichtigen. Ein entsprechendes Modell bietet Bruner (Schüler Piagets, der dessen Theorie noch um diesen Aspekt erweiterte) an, der zwischen drei wesentlichen Ebenen unterscheidet und diese wie folgt darstellt:

EIS steht für enaktiv – ikonisch – symbolisch und bedeutet, dass es eine Begegnung mit Lerninhalten auf einer konkreten Handlungsebene mit Materialien gibt (enaktiv), eine Form mit Abbildungen dieser konkreten Materialien (ikonisch) und eine abstraktere, in der die konkreten Materialien nur noch durch Symbole repräsentiert werden (symbolisch). Übersichtliche Darstellungen finden sich bei Wittmann (2002, S. 87 f.) und Dinges (2002, S. 67). Als ein konkretes Beispiel sei hier die Begegnung mit dem Lerninhalt „Obstsorten" aufgestellt. Das bedeutet ganz konkret für die (innere) Differenzierung des eigenen Unterrichts, dass in einer üblicherweise heterogen zusammengesetzten Klasse (Lerngruppe) ein entsprechender Unterricht in Hinblick auf die Darstellungs- und Bearbeitungsform folgende Möglichkeiten berücksichtigen sollte:

Enaktive Ebene	**I**konische Ebene	**S**ymbolische Ebene
(konkrete Gegenstände)	(Abbildungen)	(Wörter)
konkreter Apfel	Foto Apfel	„Apfel“
konkrete Birne	Foto Birne	„Birne“
konkrete Banane	Foto Banane	„Banane“

Eine schwierigere Darbietung auf ikonischer Ebene könnte nach dem Foto eine gezeichnete Abbildung statt der realitätsgetreuen Abbildung sein.

2.2 Altersbezogene Themen- und Materialwahl

Gerade bei Schülern mit einer Beeinträchtigung im Bereich der geistigen Entwicklung klaffen kognitive und altersbezogene Entwicklung häufig eklatant auseinander. Das hat zur Folge, dass es für die zuständigen Lehrkräfte mit zunehmenden Alter der Schüler immer schwieriger wird, sowohl dem Entwicklungsstand als auch den Altersinteressen der Schüler gleichzeitig gerecht zu werden.

Grundsätzlich sollte die Lehrkraft ihr Augenmerk nicht nur auf den kognitiven Entwicklungsstand ihrer Schüler richten, sondern auch auf deren soziale, emotionale und personenbezogene Erfahrungswelt, um daran anknüpfend geeignete Lernsituationen und Aufgabenstellungen gestalten zu können. Neben der Berücksichtigung individueller Erfahrungen und Interessen sollte auch bei der Wahl der entsprechenden Materialien darauf geachtet werden, einen Jugendlichen nicht mehr mit Kleinkinderspielzeug zu konfrontieren, sondern altersgemäßere Abwandlungen ggf. selber herzustellen.

2.3 Wiederholung und Vertiefung neu verpackt

Da gerade Schüler mit einer geistigen Beeinträchtigung Probleme bei der Erfassung, Verarbeitung, Speicherung und Anwendung neuer Lerninhalte zeigen, ist eine wiederkehrende Thematisierung gleicher Inhalte „im neuen Gewand“ sinnvoll und notwendig. Dieses Prinzip eines Spiralcurriculums findet auch in sogenannten Regelschulen seine Anwendung, nur in sehr viel schnellerer und abstrakterer Form. Hier sind Kreativität und Einfallsreichtum seitens der Lehrkraft gefragt. Werden die Schüler aktiv mit in die jeweilige Projektgestaltung einbezogen, können ihre altersbezogenen Interessen direkt mit in die Planung einfließen und erleichtern so wiederum die entsprechende Feinplanung seitens der Lehrkraft. Die in der Schule für geistig Behinderte übliche Teamarbeit unterschiedlicher Berufsgruppen erweitert zudem sowohl Ideenreichtum als auch Möglichkeiten der Umsetzung einer angemessenen inneren Differenzierung entsprechend den unterschiedlichen Lernausgangslagen der Schüler und bietet einen deutlichen Vorteil gegenüber der Einzelarbeit der Lehrkräfte an allgemeinbildenden Schulen.

So könnte z.B. der Themenbereich „Einkaufen" im Grund- oder Unterstufenbereich zunächst unter dem Aspekt stehen: „ Wo kann ich einkaufen gehen?". Da wir täglich Nahrungsmittel zu uns nehmen, bietet ein Einkauf im Supermarkt, im kleinen Laden um die Ecke oder am Kiosk in diesem Alter eine gute Möglichkeit, erste Erfahrungen zu sammeln. Im Bereich „Geld" wird die Erkenntnis gewonnen, dass man erst etwas Wertvolles geben muss, um gewünschte Waren im Tausch dafür zu bekommen. Für den Aufbau mathematischer Kompetenzen kommen im Mittelstufenbereich weitere Aspekte hinzu. So erfolgen Einteilungen in Geschäfte, in denen man vorwiegend Brot- und Backwaren, Dinge für Bad und Körperpflege oder Sachen zum Naschen kaufen kann usw.. „Welchen Weg muss ich gehen, um dorthin zu kommen?", „Wo finde ich welche Artikel im Laden?" dienen u.a. der räumlichen Orientierung. Es wird erforscht, nach welchen Gruppen die einzelnen Waren in den Geschäften geordnet sind und welche Preise die Artikel jeweils haben. Im Oberstufenbereich gewinnen dann Einkaufsplanungen und Fragen: „Was brauche ich für diese Woche an Lebensmitteln?" sowie die Überprüfung des jeweiligen Kassenbons auf Richtigkeit zunehmend an Bedeutung (z.B. mit Hilfe eines Taschenrechners). Das bedeutet sowohl eine Berücksichtigung eines Spiralcurriculums als auch eine alters- und entwicklungsbezogene Lehrplanung.

2.4 Ein Beispiel zum Umgang mit Zahlen:

Zu Beginn der Schulzeit werden die meisten Schüler lediglich einzelne Zahlen als sinntragende Zeichen in für sie bedeutsamen Alltagssituationen kennen. So erkennen sie z.B. die eigene Hausnummer als Zahl, ohne jedoch zu wissen, dass diese an einer ganz bestimmten Stelle in der Zahlenreihe steht und gleichzeitig ein Gegenstandsvertreter für eine ganz bestimmte Menge darstellt.

Durch weitere Alltagserfahrungen entdecken sie, dass z.B. beim Abzählen von Mengen die Reihenfolge der sogenannten „Zahlwörter" von wesentlicher Bedeutung ist und einer festgelegten Ordnung folgt.

Später ermöglicht die Einsicht in die verschiedenen Aspekte des Zahlbegriffs auch einen rechnerischen Umgang mit Zahlen, um mathematische Probleme in Alltagssituationen zu lösen.

2.5 Lehrkräfte initiieren und begleiten Lernprozesse

Idealerweise löst sich die Lehrkraft von Erfahrungen aus der eigenen Schulzeit, die gerade im gymnasialen Bereich selten mit entdeckendem, projektorientiertem oder fächerübergreifendem Lernen verbunden waren. Erfüllt man den Anspruch einer Rolle als Lernbegleiter, der dafür verantwortlich ist, geeignete Unterrichtssituationen zu gestalten, kann man selbständige Lernprozesse initiieren. So wird den Schülern eine selbständige Entdeckung und Strukturierung relevanter Themen ermöglicht.

Bezogen auf das genannte Beispiel des Bereichs „Einkauf“ kann die Lehrkraft z.B. Prospektbeilagen eines neuen Supermarktes mitbringen. Dieser Impuls kann zu Fragen sowie einer gezielten Erkundung des Sortiments und der Preisgestaltung vor Ort führen. Die Situation bietet Anlass zum Gespräch über Vor- und Nachteile des neuen Geschäftes gegenüber den bereits vorhandenen Läden hinsichtlich eines evtl. attraktiveren Warenangebots und günstigerer Preise.

Eine Initiierung kann im Sinne eines problemlösungsorientierten Unterrichts z.B. ein Impuls seitens der Lehrkraft sein, der beim Schüler einen Widerspruch eines vermeintlich klaren Sachverhalts aufdeckt und so zum Nachdenken bzw. zur Erweiterung oder Neuordnung bekannter Denkstrukturen anregt. Auf einen relativ einfachen Klassenbegriff angewandt könnte sich folgende Situation ergeben:

In einer Freispielphase möchte ein Schüler ein Haus aus Lego- und aus Duplosteinen bauen. Er beginnt mit Duplosteinen und versucht immer wieder, die kleineren Legosteine mit einzubauen, was jedoch aufgrund der Größe der Verbindungspunkte nicht gelingt. Da er sich wiederholt über diesen Umstand ärgert, fragt ihn die Lehrkraft, ob er nicht zunächst die Bausteine (nach Merkmal Lego / klein und Duplo / groß) ordnen will und stellt ihm zwei Kisten (zum Sortieren) hin. Im Anschluss an das Sortieren fragt ihn die Lehrkraft, welche Bausteine er nehmen möchte und ob er die Kisten kennzeichnen möchte, damit er beim nächsten Freispiel die gewünschten Bausteine schneller zur Hand hat. Der Schüler stimmt zu und klebt ggf. mit Hilfe je eine ausgeschnittene Abbildung (Spielwaren-Prospekt, ikonische Ebene) von Lego und Duplo auf die entsprechende Kiste mit den Materialien (enaktive Ebene).

Die „Kunst“ besteht darin, vielfältige Alltagssituationen als Möglichkeit der bewussten Auseinandersetzung mit Handlungsanlässen zu erkennen und neben dem allgemeinen Unterricht als Förderung gezielt einzusetzen. Dies erfordert Übung und zwischenzeitlich eine Orientierung an den Merkmalen der jeweiligen Entwicklungsstufen und Zugangsmöglichkeiten auf unterschiedlichen Niveaustufen.

Bei der Planung der Unterrichtsinhalte sind folgende Aspekte zu beachten:

3. Ein Stufenmodell

Ein Stufenmodell kann eine wertvolle Hilfe bei der Erfassung von Lernausgangslagen und Entwicklung daran anknüpfenden Fördermaßnahmen sein. Geht eine Lehrkraft von der Vorstellung aus, dass viele Lernfortschritte aufeinander aufbauen, so ist es sinnvoll, sich die einzelnen möglichen Stufen oder Ebenen der (kognitiven) Entwicklung genauer anzusehen, wie es bereits im Kapitel über die theoretischen Grundlagen zu Beginn dieses Buches erfolgt ist. Es gibt in verschiedenen Bereichen unterschiedliche Modelle von Entwicklung und Stufenfolgen, wobei sich einige in bestimmten Punkten sehr ähneln, so z.B. die Modelle zur Entwicklung der verschiedenen Niveaustufen nach Aebli und Bruner. Auch das Tätigkeitsmodell von Leontjew und Galperin zeigt viele Parallelen zu der Entwicklungstheorie von Piaget, nur dass das materialistische Modell aus einem anderen Blickwinkel und Menschenbild heraus entwickelt worden ist. Vergleiche finden sich z.B. bei Pitsch (2002).

3.1 Das kombinierte Modell

Das hier vorgestellte Stufenmodell lehnt sich zum einen an die in den HANDREICHUNGEN (ISB 1982) näher erläuterten Stufen mathematischer Basiskompetenzen und zum anderen an die bereits näher beschriebenen Aspekte des Zahlbegriffs nach Gelman & Gallistel sowie an die Entwicklungspsychologie PIAGETS an. Von daher ist es als ein kombiniertes Modell zu beschreiben, welches sowohl den Strukturen mathematischer Inhalte als auch der Entwicklungsgemäßheit der Schüler gerecht werden möchte. Es erhebt nicht den Anspruch auf Vollkommenheit, hilft aber aus den Erfahrungen und Überlegungen heraus wesentlich bei der Strukturierung, Durchführung und Reflexion von Mathematikunterricht an Schulen für geistig Behinderte, sowie in der individuellen Förderung von Kindern mit einem sonderpädagogischen Förderbedarf oder zur differenzierten Förderung von Kindern im Rahmen eines gemeinsamen Unterrichts. Ausgehend von den grundlegenden Erfahrungen eines Kindes zu Beginn seiner Welterfahrung (vgl. auch SCHMITZ/SCHARLAU 1993) in der sensomotorischen Phase sollen die einzelnen Bereiche bis zur Phase des formalen Denkens zunächst kurz beschrieben werden, bevor exemplarisch einige Übungen, Lieder und Handlungsproben mit Hinweisen zur Gestaltung entsprechender Themen bezogener Arbeitsblätter die Darstellung abrunden. Im Anhang befindet sich zudem eine Materialübersicht samt Anleitung einer kompakten „Förderkiste“.

Ein Mathematikunterricht sollte neben den logisch aufeinander aufbauenden Stufen der einzelnen Bereiche auch die verschiedenen Ebenen der Abstraktion berücksichtigen. So sollte zunächst stets der handelnde Umgang mit konkreten Materialien im Vordergrund des Unterrichts stehen, bevor mit Abbildungen (der konkreten Gegenstände) oder gar Symbolen (Zahlen, Zeichen) gearbeitet wird. Ist man sich der verschiedenen Niveaustufen und der unterschiedlich anspruchsvollen Abstraktionsebenen bewusst, so kann man seinen Unterricht eher an die Möglichkeiten und Lernausgangslagen der heterogenen Schülerschaft anpassen und im Idealfall auch alle Schüler auf ihrem jeweiligen Niveau an einem Inhalt arbeiten lassen.

3.2 Eine Orientierungs- und Planungshilfe für den Unterricht

Die folgenden Stufen (vgl. Kapitel 1, Stufenfolgen pränumerischer Bereich) sollen der Lehrkraft als Orientierungshilfe bei der Einschätzung des Entwicklungs- und Leistungsstandes der Schüler dienen. Da jeder Unterricht auch gleichzeitig ein diagnostisches Moment enthält, können die Übungen sowohl zur Erfassung der Lernausgangslage als auch zur weiteren Förderung genutzt werden.

- Körperschema als Grundlage der räumlichen Orientierung
- Gruppen und Untergruppen bilden
- Merkmale von Gegenständen feststellen
- Gruppen und Untergruppen nach erarbeiteten Merkmalen bilden
- Raumbegriffe gewinnen
- Reihen bilden (Seriation)
- Gleichheit von Gegenstandsmengen erfassen
- Stück-für-Stück-Zuordnungen bilden
- Grundsatz der Mengenerhaltung erkennen (Invarianz)

Zahlbegriff entwickeln: Einsicht in die verschiedenen Zahlbegriffsaspekte

- Anbahnung und Umsetzung von Rechenoperationen auf den entsprechend möglichen Ebenen
    - o Umgang mit konkretem Material
    - o Umgang mit Abbildungen konkreten Materials (Bilder)
    - o Umgang mit Symbolen (als Ersatz für konkretes Material)

3.3 Übungsteil

Für jede Stufe werden im folgenden kurze inhaltliche und bedeutsame Hinweise für die Lehrkraft und Impulse zur Umsetzung entsprechender Übungen unter Berücksichtigung unterschiedlicher Abstraktionsniveaus gegeben.

3.4 Körperschema als Grundlage der räumlichen Orientierung

Bevor Kinder Raumlagen von Gegenständen oder Personen im Raum erfassen und beschreiben können, ist es zunächst notwendig, den eigenen Körper mit seinen einzelnen Bestandteilen und Raumlagen kennen zu lernen. Erst dann ist es möglich, andere Dinge in Bezug zu sich selbst oder gar in Bezug zu anderen Dingen wahrzunehmen und zu beschreiben. So kann ein Kind, dass sich noch in der anschaulichen Phase des Denkens nach Piaget befindet, Dinge in seiner Umwelt aufgrund seiner Ego-Zentrierung noch nicht einschätzen wie andere und von daher nur seine subjektive Sichtweise benennen. Bei Piaget findet sich dazu der 3-Berge-Versuch, bei dem das Kind jeweils nur jenen Teil beschreiben und erfassen kann, den es selbst sieht und nicht versteht, warum ein Beobachter von einem anderen Standort aus eine andere Beschreibung desselben Gegenstandes abgibt. Im Alltag zeigt sich dies zum Beispiel in folgender Situation:

Der Vater steht in der Küche und bereitet das Essen vor, sieht aus dem Fenster und sagt zum am Boden spielenden Sohn: „Mama kommt nach Hause, sie parkt gerade vor dem Haus“. Der Sohn kann von seinem Spielort nicht aus dem Fenster sehen, sieht von sich aus nur den Himmel und die Wolken durch das Fenster und fragt ganz erstaunt: „Woher weißt du, dass Mama kommt? Ich sehe sie nicht!“ . Erst wenn das Kind z.B. einige Tage später zufällig auf dem Stuhl neben seinem Vater am Fenster steht und ebenfalls auf den Parkplatz vor dem Haus sehen kann, wird er den gleichen Blickwinkel einnehmen können. Meist dauert es dann noch einige Zeit, bis das Kind in einer ähnlichen Situation nachvollziehen kann, dass der jeweilige Blickwinkel / Standort des Beobachtenden das jeweilige Sichtfeld bestimmt. So wird er später wissen, dass der Vater die Mutter sehen konnte und er selber nicht, weil er am Boden spielte und einen anderen Blickwinkel hatte.

Grundlegende Einsichten über die eigene Körperlichkeit gewinnt das Kleinkind normalerweise in der sensomotorischen Phase. Hier werden die verschiedenen Eindrücke der Umwelt immer differenzierter wahrgenommen und die Auswirkungen eigener Handlungen auf die sächliche und personelle Umwelt immer bewusster durchgeführt und in ihrer Komplexität und Zielorientierung ausgedehnt (vgl. Äquilibrationstheorie von Piaget).

Folgende Übungen können dazu dienen. den eigenen Körper bewusster wahrzunehmen und allmählich ein differenzierteres Bild von den eigenen Möglichkeiten und Grenzen zu erfahren.

Bewegungslied: „Hände waschen" (nach G. Bächli, 1977)

Hände waschen, Hände waschen,
muss ein jedes Kind;
waschen, Hände waschen,
das geht ganz geschwind!

Beim Singen werden pantomimisch entsprechende waschähnliche Bewegungen der Hände durchgeführt.

Nun sind sie endlich sauber, ja...,
doch leider ist kein Handtuch da!!

Die Hände werden mit der Innenfläche nach oben gehalten, dazu ratlos die Schultern angehoben.

Drum müssen wir sie schütteln,
schütteln, schütteln, schütteln,
drum müssen wir sie schütteln,
bis sie trocken sind!!

Die „gewaschenen" Körperteile werden nun ordentlich trocken geschüttelt.

Die Schüler können weitere Körperteile benennen, die dann in der nächsten Strophe gewaschen werden müssen. Hier lässt sich gut feststellen, wer schon welche Körperteile benennen kann, zudem haben die Kinder viel Spaß daran! (z.B. Arme, Beine, Füße, Haare, Schultern etc. Letztere eigenen sich besonders gut zum überkreuzenden Waschen, wobei zwangsläufig die Körpermitte überschritten werden muss). Begleitend werden jeweils entsprechende Bewegungen durchgeführt.

Körperspruch:

Punkt, Punkt, Komma, Strich,
fertig ist das Mondgesicht!
Haare, Ohren, Hals und Bauch,
Beine hab' ich auch!
Nun die Hände und die Schuh' –
ich seh' aus wie DU!

Mit den Fingern vorsichtig nacheinander auf Augen, Nase und Mund zeigen, dann Gesicht umkreisen. Danach die weiteren benannten Körperteile berühren. Zum Schluss mit dem ausgestreckten Zeigefinger auf einen Mitschüler zeigen.

Übung mit Sandsäckchen:

Ein Schüler legt sich auf den Boden (ist entspannter, geht aber auch im Sitzen); die Lehrkraft legt ihm ein oder nacheinander auch mehrere Sandsäckchen auf ein Körperteil (kann bei geschlossenen oder offenen Augen erfolgen), der vom Schüler benannt oder auf entsprechend passendem Foto oder Abbildung gezeigt werden soll.

Rückenmassage:

Das „Sauberwischen einer Tafel" vor Beginn einer Tastübung auf dem Rücken ist unbedingt zur erhöhten Sensibilisierung zu empfehlen.

Zwei Schüler sitzen hintereinander, wobei der eine sich verkehrt herum auf den Stuhl setzt und auf die Rückenlehne bequem aufstützt, den Kopf entspannt auf die Arme gelehnt; der zweite Schüler führt nach Erzählung der Geschichte die Massage durch, z.B. „Kuchen backen“; im folgenden der Sprechtext für die Lehrkraft, die es am besten im Kreis an einem Schüler nebenbei demonstriert, um als Modell zu dienen:

„Wir wollen heute einen Kuchen backen!. Oh, nein, wie sieht denn das Blech aus? Das ist ja noch ganz schmutzig!	*Rücken des Vordermanns*
Das müssen wir erst einmal waschen! Reste kratzen wir vorsichtig mit dem Schwamm aus den Ecken! Nun noch einmal darüber spülen und abtrocknen!	*LK oder Partner wischt vorsichtig mit beiden Händen in sanfter Wellenform über den Rücken – mit den mittleren Fingern vorsichtig „Reste" lösen – drückt nacheinander flache Hände vorsichtig „trocknend" auf den Rücken*
Nun fetten wir das ganze Backblech mit etwas Margarine ein und bereiten erst einmal den Teig, dazu etwas Mehl in die Mitte, Zucker darüber streuen, ein Ei vorsichtig in die Mitte geben, ein paar Butterflöckchen darüber verteilen und nun alles vorsichtig verkneten.	*streicht sanft über den ganzen Rücken* *Entsprechende Bewegungen dazu sanft auf dem Rücken durchführen*
Nun den Teig gleichmäßig mit der Teigrolle auf dem Blech verteilen, das sieht schon ganz gut aus!	*mit Ellenbogen „abrollen"*
Heute gibt es Apfelkuchen: also, die Apfelscheiben gleichmäßig auf dem ganzen Teig verteilen, Rosinen darüber, einige Mandelstückchen ein wenig Zimtzucker über alles streuen.	*mit den drei mittleren Fingern einen Halbbogen bilden und nacheinander die Stücke mit leichtem Druck von oben nach unten in 3-4 Reihen gleichmäßig verteilen.*
Jetzt schieben wir alles in den Backofen. Oh, das duftet schon so gut, ich glaube, unser Kuchen ist fertig!	*Die flachen Hände sanft auf den Rücken legen, Wärme wirken lassen – nach etwa 1/2 – 1 Minute –*

Nun wollen wir den Kuchen auf dem Blech in Stücke teilen

mit aufgestellter Hand symbolisch je 2 waagerechte und senkrechte Schnitte durchführen und Küchenstücke fiktiv mit einem Pfannenwender vom Blech lösen und verteilen

Wer möchte ein Stück?
– köstlich!
Oh, nun müssen wir aber das Blech erst wieder sauber machen, bevor wir es zurück stellen!

Nun gleiche Prozedur wie am Anfang durchführen: waschen, ablösen der Krusten, waschen und trocknen.

Die Übung sollte im Anschluss gleich noch einmal in umgekehrter Besetzung durchgeführt werden, so dass jeder einmal Bäcker und „Kuchenblech" sein kann, jeder verwöhnt und verwöhnt wird. Durch die Geschichte haben Lehrkraft wie Schüler konkrete Bilder vor Augen, die es beiden Teilnehmern jeweils erleichtert, sich auf diese körperliche Wahrnehmung einzulassen. Sehr angenehm!

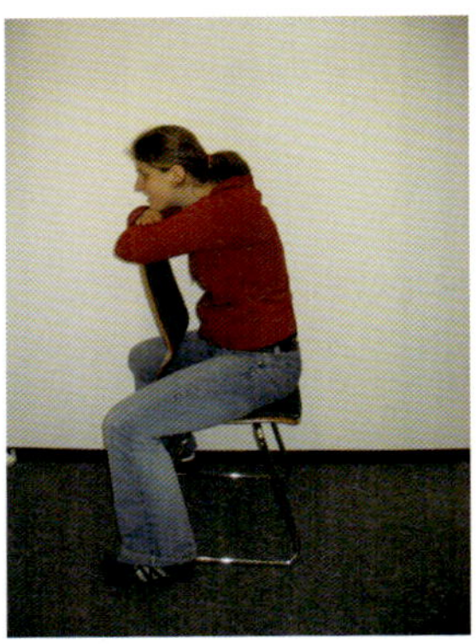

Am günstigsten ist es, sich so auf den Stuhl zu setzen, für die Massage Kopf auf die Arme legen und Augen schließen, um sich besser einlassen zu können.

Nachahmen von Körperpositionen mit a) konkreten Vorbildern durch die Lehrkräfte (und nach Aufgabenverständnis durch einzelne Schüler), b) Abbildungen von Personen, c) Abbildungen von Modellen/Puppen bis hin zu d) abstrakten Vorbildern:

a) Lehrkraft orientiert sich an Fotos wie diesen und **macht selber vor**

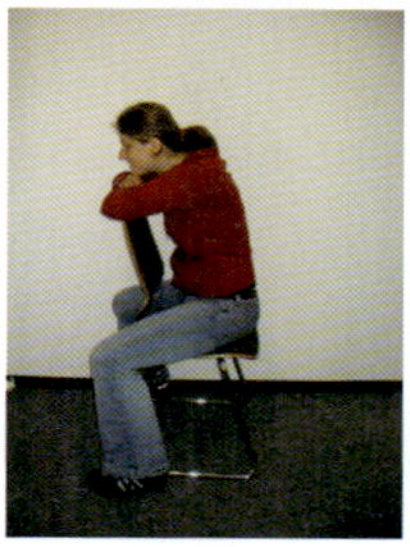

b) Einsatz obiger Fotos; besser noch eignen sich Fotos von der jeweiligen bekannten Lehrkraft und von den Schülern, denen es in der Regel auch Spaß bereitet, sich auf Fotos wiederentdecken zu können. Bewegungsbeeinträchtigte Schüler sollten im Rahmen ihrer Möglichkeiten ebenfalls Übungen zeigen, ebenso sollten auch ihre Übungen durch Mitschüler nachgestellt werden.

c) Größere oder kleinere Puppen eignen sich auf einer fortgeschritteneren Stufe ebenfalls. Eine größere Beweglichkeit zeigte sich bei den kleinen Holzpüppchen (z.B. von „Selecta"), deren Arme und Beine sich ebenfalls variabel verstellen lassen. Die größere (Therapie-)Puppe (z.B. von „Folkmania") ist nicht ganz so vielseitig zu verstellen, spricht dafür aber vom Äußeren Schüler in der Regel auch sehr an.

d) Zeichnungen oder Skizzen erfordern bereits ein hohes Abstraktionsvermögen, sind aber durchaus auch einzusetzen und der jeweiligen Schülerschaft gut anzupassen (notfalls jemanden bitten, der ein wenig zeichnen kann, Schüler akzeptieren weniger perfekte – aber eindeutige- Zeichnungen durchaus, da sie selber selten zu perfekten Ergebnissen beim Zeichnen gelangen...).

Wesentliche Körperteile und ihre eindeutige Lage sollten zu erkennen sein und vorher konkret auf einer weniger abstrakten Ebene bereits eingeführt und erprobt worden sein.

Bewegungsspiele:

Eine sehr einfache Spielform stellt der sogenannte „Musik-Stop" dar. Regel: Alle bewegen sich in irgendeiner Form zur Musik durch den Raum. Stoppt die Musik, gilt es, eine Aufgabe zu erfüllen, in diesem Bereich z.B. sich zu zweit an einer genannten (oder per Bild gezeigten) Körperstelle zu berühren, hier an Füßen, Händen und Ellenbogen:

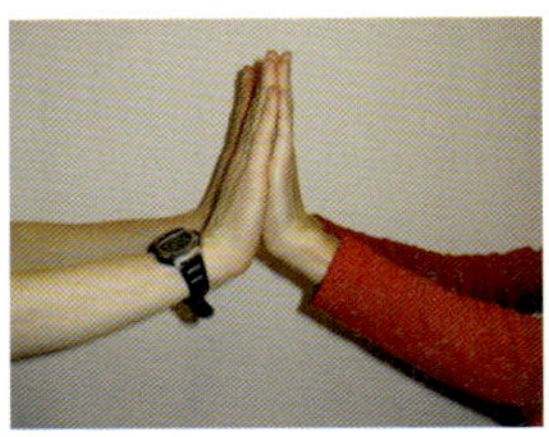

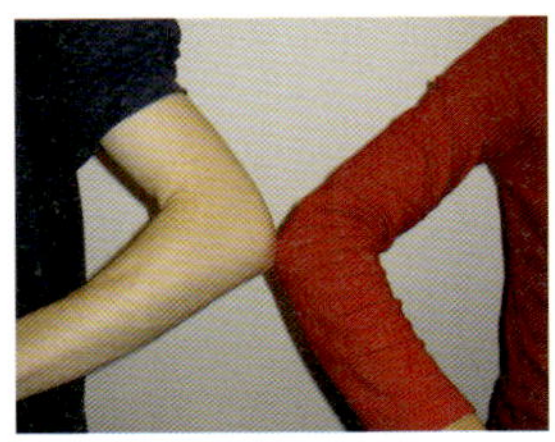

Ankleideübung auf Papier:

Auch eine Ankleideübung mit ausgeschnittenen Kleidungsstücken kann dazu dienen, die einzelnen Körperteile noch einmal bewusster wahrzunehmen, dieses mal unter dem Aspekt , wie welche Körperteile z.B. im Winter vor Wetter geschützt werden können:

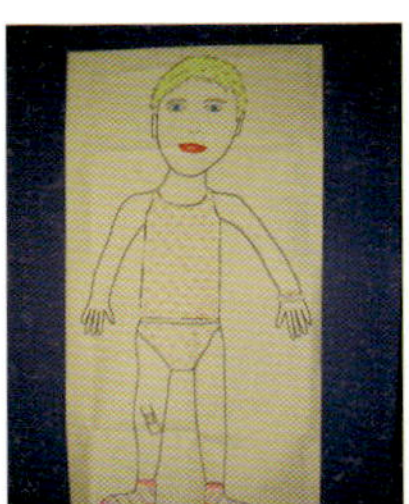

Passend zum o.g. „Körperspruch“ kann z.B. auch ein Körperpuzzle mit den entsprechend im Spruch genannten Teilen von den Schüler gemeinsam zusammengelegt werden (siehe Anhang).

Daneben sind sogenannte „Mitmachlieder“ z.B. von Detlev Jöcker („Flummilied“, „Ach, wie bin ich müde“), Jochen Hering, Frederick Vahle, Rolf Zuckowski u.a. zu empfehlen, die ein breites kindgerechtes Angebot an solchen Liedern veröffentlicht haben.

3.5 Gruppen und Untergruppen bilden nach Gebrauchswert

Kinder ordnen zunächst nach Gebrauchswert (z.B. zum Essen, zum Spielen, zum Waschen). Erst wenn sie sich weiterer Merkmale bewusst sind (z.B. groß – klein, rot – gelb, hart – weich), können sie Gruppen und Untergruppen nach erarbeiteten Merkmalen bilden.

Eine erste Übung könnte z.B. sein, die Spielsachen in die Spielecke zu bringen und zu sortieren (z.B. Bücher, Bausteine aller Art). Im Tischkreis könnte eine Tastübung mit der Gruppierung verbunden werden, der Tastsack oder die Tastkiste ist eine vielseitig einsetzbare methodische Übung zur Förderung der Abstraktionsfähigkeit und der taktilen Wahrnehmung:

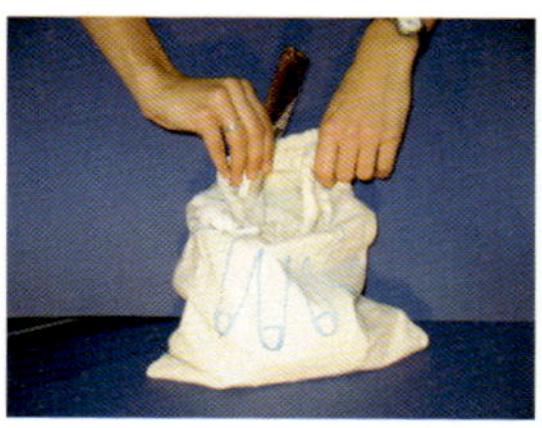

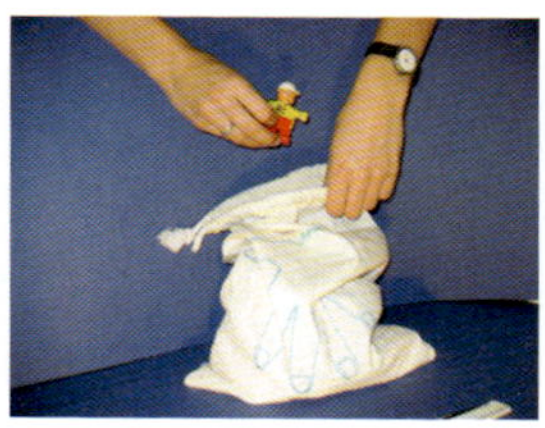

Zunächst werden die Teile ertastet, (ggf. mit Hilfe von Bildkarten für nicht sprechende Schüler) benannt, heraus gelegt und anschließend gemeinsam in der Lerngruppe nach Gruppen sortiert, die sich in der Regel nach dem Erfahrungs- und Gebrauchswert der Schüler ergeben. Bei der Auswahl der Gegenstände sollte bereits im Vorfeld auf eindeutige mögliche Gruppenzuordnungen geachtet werden, z.B. Haushalt – Spielzeug, Küche/Bad – Duplo/Holzspielzeug etc. Daraus könnten sich folgende Gruppen und Untergruppen ergeben:

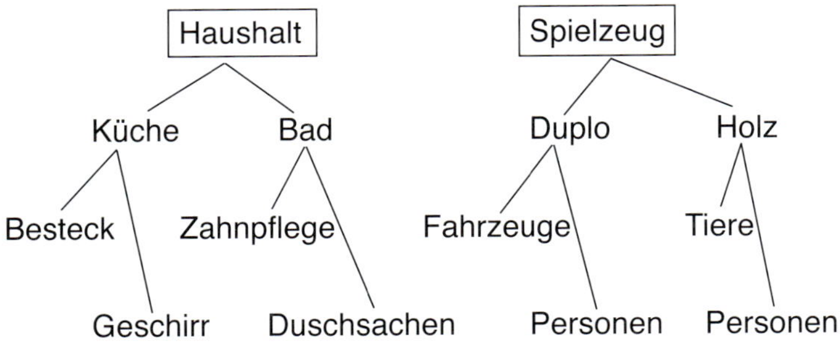

In frühen Entwicklungsstadien teilen die Kinder sehr grob ein und unterscheiden z.B. bei Personen erst nur zwischen Kindern und Erwachsenen, erst später zwischen Mann und Frau, Mädchen und Junge. Die Fähigkeit zu einer immer differenzierteren Untergliederung ergibt sich erst durch zunehmende Umwelterfahrung und erlebte Widersprüche (Bsp.: das Kind besitzt einen Hund, deshalb sind für das Kind zunächst alle Wesen auf 4 Beinen Hunde; zeigt das Kind auf eine Katze und sagt: „Hund", wird es von den Erwachsenen oder anderen hören, dass dies kein Hund, sondern eine Katze sei. „Merkwürdig, aber die hat doch auch 4 Beine", ja, aber sie hat z.B. Krallen, kann auf Bäume klettern etc.; daraus ergibt sich für das Kind, dass es wichtig ist, auf weitere Merkmale bei Vierbeinern zu achten, um sie entsprechend genauer zuordnen zu können).

Merke:
Bevor in der folgenden Stufe auf Merkmale geachtet werden kann, ordnen Kinder eher nach Gebrauchs- und Erfahrungswerten zu (Sachen zum Spielen, zum Essen, zum Waschen, zum Anziehen etc.).

3.6 Merkmale von Gegenständen feststellen

Kinder erfahren durch erlebte Widersprüche die Notwendigkeit, auf Merkmale von Gegenständen und Personen in ihrer Umwelt zu achten. Dies erfolgt zunächst in bedeutsamen Situationen. So achtet ein Kind z.B. als Kleinkind nur darauf, dass die Mutter lange gelockte braune Haare hat, anderes ist wichtiger. Beim Einkauf schaut es sich verträumt um, lässt für kurze Zeit die Hand der Mutter los, blickt nach einiger Zeit auf und sieht die Mutter auf einmal nicht mehr, weil sie z.B. abseits eine Nachbarin getroffen hat und sich kurz mit ihr unterhält. Das Kind sucht hektisch seine Mutter und läuft auf die nächstbeste Person mit langen lockigen braunen Haaren zu, fasst sie an und erschrickt, als es merkt, dass eine andere Person ist. Erst dann versucht sich das Kind vielleicht zu erinnern, was die Mutter an diesem Tag eigentlich an hatte. Sicherlich wird es auch durch Rufen seine Mutter wiederfinden, aber wahrscheinlich achtet es jetzt auch auf zusätzliche Merkmale wie Größe, Mantel, Schuhe etc. als weitere Sicherheit.

Wir können mit unseren Sinnen wesentliche Merkmale von Gegenständen und Personen über unterschiedliche Sinneskanäle wahrnehmen, das geschieht z.B. durch Sehen, Hören, Tasten, Schmecken, Riechen. Hierbei bietet es sich in Bereich der schulischen Förderung an, zunächst mit deutlich wahrnehmbaren Gegensätzen zu arbeiten, z.B. groß – klein, hart – weich, rund – eckig, laut – leise, süß – sauer, kalt- warm etc. Dies kann über KIM-Spiele, Tastspiele, Hör-Rätsel (Bsp. Tierstimmen, Fahrzeuggeräusche etc.), Ratespiele (Bsp. „Wer trägt einen roten Pullover") erfolgen.

„Ich sehe was, was du auch siehst, und das ist..." (z.B. rot/groß/rund o.ä.) Es lassen sich hier gezielt Merkmale spielerisch einüben, wenn die Lehrkraft vor dem Unterricht bewusst ausgewählte Gegenstände gut sichtbar im Raum verteilt.

Diese Wahrnehmungen und Zuordnungen spielen auch bei späteren gezielteren Übungen zum Erwerb pränumerischer Kompetenzen und dem Aufbau der verschiednen Aspekte des Zahlbegriffs eine wichtige Rolle. So kann ein Kind z.B. nur dann bei einem Lotto-Spiel (1:1-Zuordnung) die richtige Zuordnung treffen, wenn es die Übereinstimmung der wesentlichen Merkmale erkennt und entsprechend umzusetzen weiß. Im Prinzip laufen die gleichen Prozesse beim Wiedererkennen von Zahlen oder anderen Symbolen wie Buchstaben im Bereich des Schriftspracherwerbs ab und finden hier ihre Basis.

3.7 Gruppen und Untergruppen nach erarbeiteten Merkmalen bilden

Nach ausführlichen und weit angelegten Erfahrungsspielräumen zur Wahrnehmung und Benennung von Merkmalen kann die gezielte Zuordnung nach vorgegebenen Merkmalen erfolgen (z.B. gib mir alle Buntstifte, hole alle Scheren aus dem Schrank, lege alle roten/gelben/blauen Teile heraus = 1 Merkmal; lege alle roten Kreise hierher, gib mir die großen weißen Becher, nimm die langen schmalen Bänder = 2 Merkmale usw.).

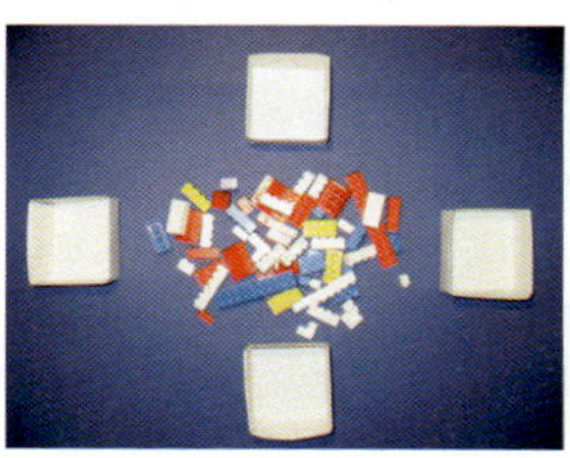

Farben →

Festlegen

Zuordnen

Im vorhergehenden Beispiel steht nur 1 Merkmal im Vordergrund, die *Farbe.* Die Farbe ist visuell gesehen, ein besonders hervorstechendes Merkmal, welches häufig noch vor anderen beachtet wird (z.B. eher als Größe und Form).

Formen →

Matrize 1: Form

Matrize 2: Farbe

In diesem Beispiel wird dem Schüler die Zuordnung erleichtert, indem zunächst nur nach einem Merkmal sortiert wird (Form). Erst im zweiten Schritt wird diese Reihe zusätzlich noch nach Farbe geordnet (Farbe). So lernt der Schüler mehrere Merkmale nacheinander zu berücksichtigen.

Auch hier bietet das Spiel „Ich sehe was, was Du auch siehst“ in einer erweiterten Form eine spielerische Übungsmöglichkeit: „Ich sehe einen roten Ball“ (ein Merkmal), „Ich sehe ein kleines, grünes Bilderbuch“ (zwei Merkmale) usw.

Die Fähigkeit, nacheinander auf mehrer Merkmale zu achten, ist eine wichtige Voraussetzung für die Bildung von Gruppen und Untergruppen.

3.8 Raumbegriffe gewinnen

Zur Erlangung von Kompetenzen im Raum-Lage-Bereich ist vor allem ein möglichst differenziert ausgebildetes Körperschema notwendig, zumindest Begriffe wie „oben“ (Kopf), „unten“ (Füße), „Mitte“ (Bauch) sind notwendig, um später auch zu Begriffen wie „innen“ und „außen“, „neben“, „links“ und „rechts“, „vor“ und „hinter“ zu gelangen. In der Phase des anschaulichen Denkens nach Piaget (vgl. Kap.1) sind die Kinder noch sehr auf ihre subjektive Sichtweise zentriert, erst in der präoperationalen Phase verstehen sie, dass unterschiedliche Standpunkte auch unterschiedliche Sichtweisen ergeben. Besonders deutlich wird dies z.B. beim Verwenden von Begriffen wie „vor“ und „hinter“ etc. Raumbegriffe sind auch wichtig, wenn es darum geht, Ziffern oder Buchstaben zu lesen und selber zu schreiben. Wer kann schon eine „7“ oder ein „E“ schreiben, wenn er nicht weiß, was „oben“ und „unten“ oder „links“ und „rechts“ bedeuten?

Die Arme sind **oben** **unten** **neben**

Wir schwingen **nach oben** **nach unten**

Luftballons **oben** **unten** **neben** uns

Banane **auf** **neben** **vor** **hinter** (Tisch)

Auch hier lassen sich vielfältige handlungsorientierte Übungen in Form von Bewegungs- und Wahrnehmungsspielen einsetzen, z.B. „Ich sehe etwas Rotes **auf** dem Tisch“, „Ich sehe etwas Rundes **neben** dem Schulranzen“ usw. Im Sportunterricht lässt sich gut eine kleine Abwandlung zu „Feuer, Erde, Wasser“ durchführen, um Raumbegriffe noch gezielter zu üben, z.B. „Flut“ (**auf** Kasten retten), „Regen“ (**unter** Dach verkriechen), „Sonne“ (**auf** die Sonnenliegen legen), „Tiger“ (sich **hinter** Kasten verstecken) usw. Geschichten mit leicht vorstellbaren Bildern als Metaphern erleichtern es den Kindern, sich auf die jeweiligen Inhalte einzulassen.

Erzählgeschichte:

Peter lebt mit seiner Familie auf einem Bauernhof. Zum Haus gehört ein großer Garten, in dem auch Gemüse angebaut wird. In diesem Jahr durfte Peter dabei helfen, im Frühjahr die jungen Kürbispflanzen einzusetzen. Nun war es Herbst und im Garten leuchteten viele orangefarbene kleine und große Kürbisse. Opa sagte zu Peter, er solle sich einen schönen kleinen Kürbis aussuchen und ernten, schließlich habe er ja beim Einsetzen der Pflanzen geholfen.

Freudig schaute Peter auf das Kürbisfeld und suchte sich den schönsten aus, der genau in der **Mitte** des Feldes wuchs. Peter holte ihn vorsichtig mit seinem Opa **aus der Erde** und legt ihn in die Schubkarre, um ihn bis **zum Haus** transportieren zu können. Dort trägt er ihn **in die Küche** und legt ihn stolz **auf** den Tisch. „Oh nein“, sagt die Mutter, „da kann er nicht bleiben! Hier wollen wir doch zu Mittag essen!“ Ratlos schaute Peter sich um und legte den Kürbis **unter** den Tisch. „Oh nein!“, sagte der Vater, „da will ich meine Füße ausstrecken können.“ Peter nahm den Kürbis und legte ihn vor die Gartentür. „Oh nein“, sagte die Mutter,“ ich muss doch in den Garten gehen können!“. Seufzend nahm Peter den Kürbis und legte ihn **neben** seinen Stuhl. „Oh nein“, sagte die Oma, „dort muss ich doch lang gehen können, wenn ich hinaus gehe“. Peter legte den Kürbis **hinter** den Schrank. „Komm mit“, sagte der Vater, „wir legen ihn draußen **auf** die Kiste, **vor** die Mauer, dann können wir ihn alle sehen, wenn wir **in** der Küche sind“ (Vgl. Schiller, P. & Peterson, L.: Wunderland Mathematik. AOL-Verlag Lichtenau 2001).

Bewegungslied:

Ich hol' mir eine Leiter
und stell' sie an den Apfelbaum.
Ich kletter' immer weiter,
bis hoch im Baum hinauf!

Ich pflücke, ich pflücke,
mal über mir, mal unter mir,
mal neben mir, mal hinter mir,
ein ganzes Körbchen voll!

Dann kletter' ich noch weiter,
und halt' mich an den Zweigen fest,
und setz' mich ganz gemütlich
auf einen dicken Ast!

Ich wippe, ich wippe,
Diwippdiwupp,
Diwippdiwupp,
und falle nicht hinab!

Knicks ....,
Knacks ...,
Plumps!!

Zu den gesungenen oder gesprochenen Textstellen werden entsprechende Bewegungen durchgeführt.

3.9 Reihen bilden (Seriation)

Reihenbildung setzt voraus, dass man einzelne Elemente nach einer bestimmten Regel in Bezug zueinander aneinander reiht (nebeneinander, hintereinander etc.). Die Grundlagen dafür wurden bereits im Punkt „Raumbegriffe gewinnen" erläutert. Eine Reihenbildung kann in unterschiedlicher Form stattfinden und z.B. in einer rhythmisierenden Form münden. Im Alltag finden wir z.B. Reihenbildung in einfacherer Form, wenn Menschen in einer Warteschlange vor der Kinokasse oder McDonald's stehen oder am Wochenende zahlreiche Autofahrer entweder vor der Waschanlage warten oder gar in einem Stau stecken. Diese Reihen sind nach keinem bestimmten Kriterium gebildet, wie es z.B. in einer Seriation zu erkennen ist. Es müssen nicht einmal gleichartige Elemente sein.

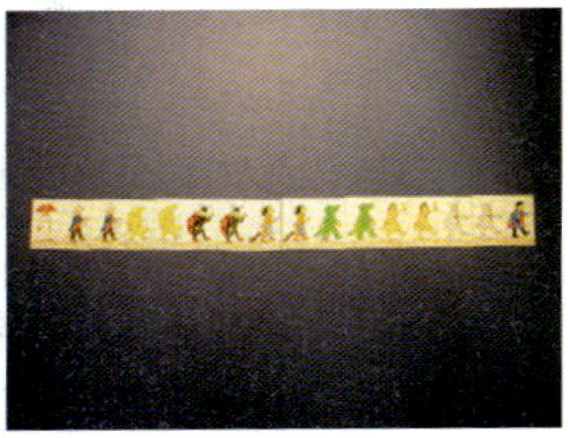

Duplo-Spiel-Idee

farbige Steine

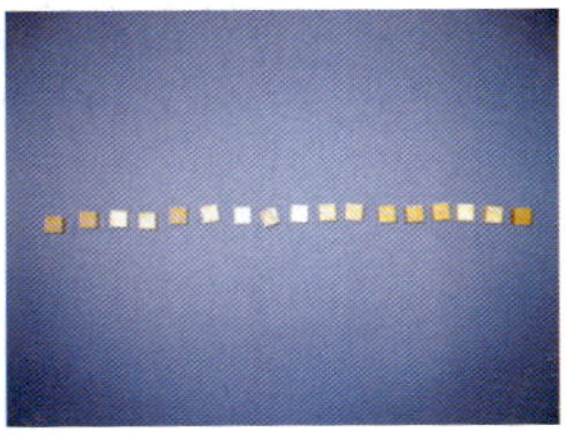

Holzwürfel

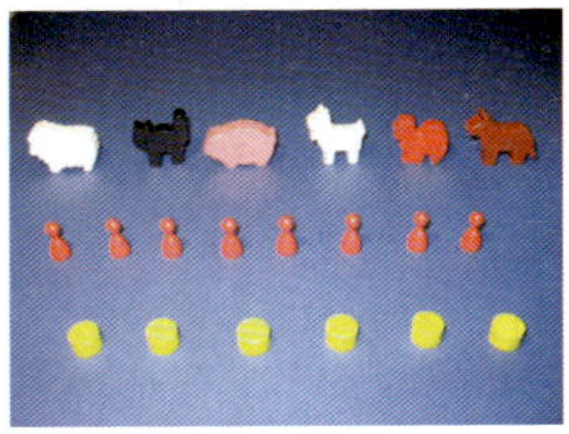

Spielfiguren

Eine Reihenfolge kann auch nach einem bestimmten Merkmal erfolgen, z.B. nach Größe auf- oder absteigend, in der Breite, nach Alter:

aufsteigend

aufwärts

kl. Zahlenreihe

gr. Zahlenreihe

Merke:
Die Reihenbildung ist eine wichtige Voraussetzung, um später Zahlwörter und Ziffern in die richtige Reihenfolge setzen zu können.

Eine Seriation beinhaltet dagegen schon eine weiter gehende „Rhythmisierung". Das kann ein „Muster" wie 1:1, 1:2, 1:3, 2:2, 3-2-1 etc. sein. Typische Musterfolgen wie diese lassen sich in Kleidung (Ringelsocken, Schals, Pullovern, Gartenzäune, Pflasterungen etc.) finden, aber auch musikalische Folgen von wiederkehrenden Rhythmen/Refrains in Gedichten und Liedern können dazu gezählt werden.

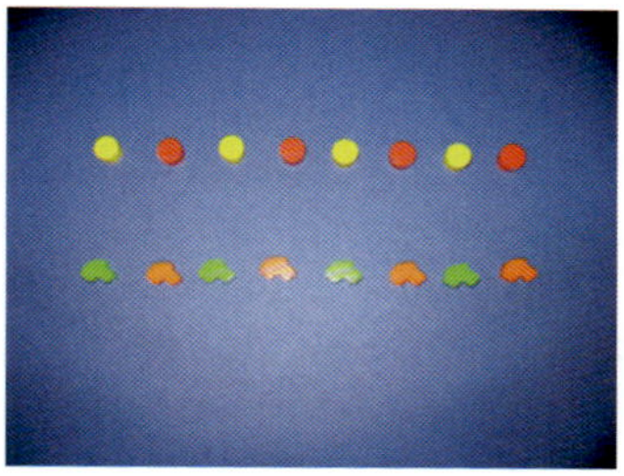

1 : 1

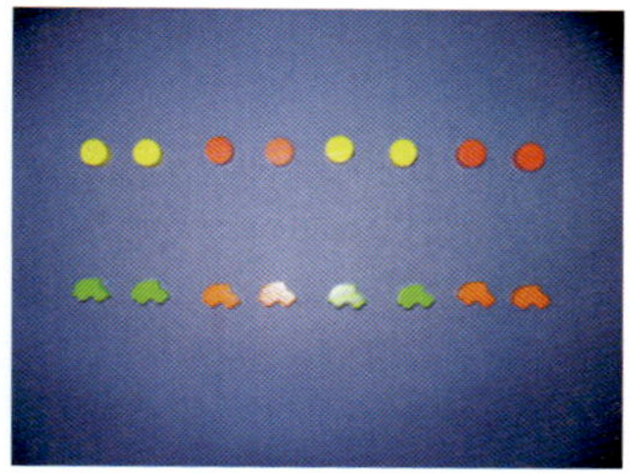

2 : 2

Aber auch wiederkehrende Tageszeiten wie Tag und Nacht mit ihren unterschiedlichen Ausprägungsgraden stellen im Prinzip Seriationen dar, ebenso wie der 24-Stunden Rhythmus eines Tagesablaufes, den wir an der Uhr auch visuell nachvollziehen können.

3.10 Gleichheit von Gegenstandsmengen erfassen

Bevor Kinder in der Lage sind, Mengen mit Hilfe einer 1:1-Zuordnung vergleichen zu können, orientieren sie sich zunächst an ihrem optischen Eindruck, einer simultanen Erfassung von Mengen und Anordnungen. Dies stellt insofern eine eher „vergleichende Einschätzung" dar, die teilweise noch fehlerhaft sein kann. So muss ein Kind noch nicht über einen Mengenbegriff verfügen, wenn es z.B. die abgebildete Menge von 4 auf einem Würfel mit konkretem Material nachlegen soll. Hier helfen ihm bereits ausgebildete Raumordnungsbegriffe wie „oben und unten", „neben", Ecke" u.a.m., wie das folgende Bild veranschaulicht:

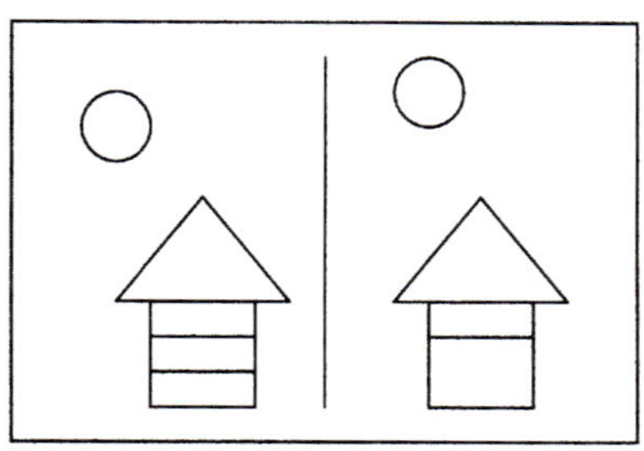

3.11 Stück-für-Stück-Zuordnung

Da der globale Vergleich häufig zu falschen Urteilen führt, bahnt sich als erfolgreichere Technik eines Mengenvergleichs die 1:1-Zuordnung an. Die kann ein einzelner Vergleich der jeweiligen Elemente, oder wie im obigen rechten Beispiel, der einzelnen Merkmale sein. Hier lassen sich ausgehend von den Alltagserfahrungen der Schüler viele spielerische Übungen einsetzen, um das Augenmerk auf eine gezielte und bewusste 1:1-Zuordnung zu lenken.

Hinweis: Bei gelenkten Übungen sollte die Lehrkraft möglichst auf ein bewusstes handlungsbegleitendes Sprechen achten, z.B. „ Gib **jedem eine** Tasse“, „**Jeder** setzt sich jetzt auf **einen** Platz!“, „**Jeder** Käfer möchte auf **ein** eigenes Blatt krabbeln.“, „**Jedes Duplo-Männchen** möchte **ein** eigenes Auto!“.

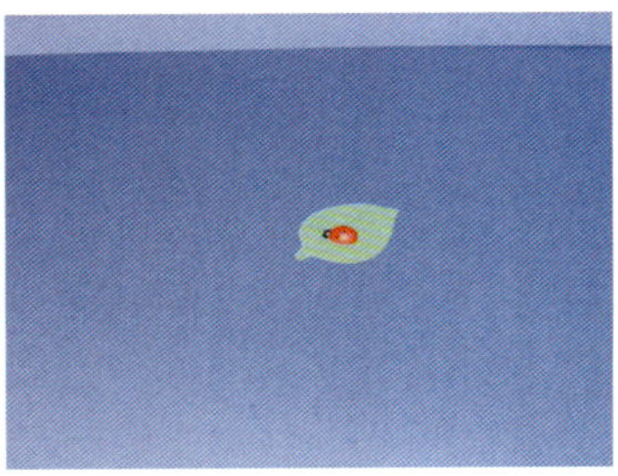

Setze auf jedes Blatt einen Käfer

Setze in jedes Auto einen Fahrer

Aus dem Alltag sind den Schülern scheinbar banale Stück-für-Stück-Zuordnungen bekannt und einsichtig. Die Lehrkraft kann diese Vorerfahrungen den Schülern bewusst machen und darauf aufbauend weitere sinnvolle Zuordnungen einsetzen. So hat jeder Schüler seinen Namen, seinen individuellen Geburtstag, seine Familie, seinen Platz in der Klasse, seine Kleidung usw.

3.12 Grundsatz der Mengenerhaltung erkennen

Entscheidend für diese Einsicht ist, dass Mengen unabhängig von ihrer Anordnung im Raum ihre sogenannte „Mächtigkeit“ beibehalten. Wesentlich ist statt der räumlichen Ausdehnung vielmehr, ob weitere Elemente zu der bestehenden Menge **hinzukommen** oder ob vorhandene Elemente der bestehenden Menge **weggenommen** werden, erst dann ändert sich ihre **Mächtigkeit**. Bevor Kinder zu dieser Einsicht eigenständig gelangen, lassen sie sich bei der Einschätzung und dem Vergleich von Mengen noch sehr von den unterschiedlichen räumlichen Ausdehnungen von Mengen (ver-)leiten. Eine einfache Übung zeigt, ob der Schüler über diesen Zusammenhang verfügt:

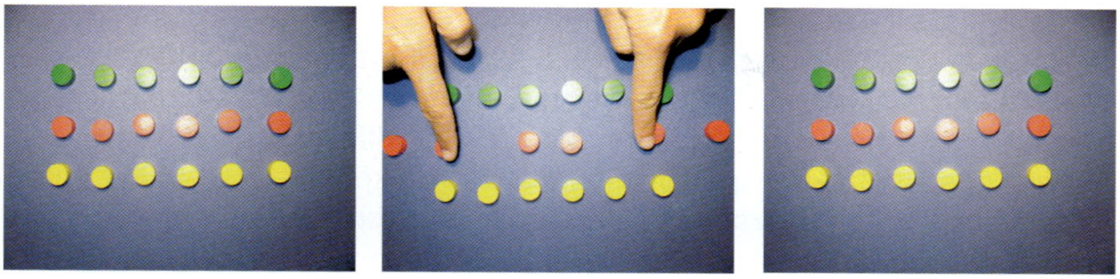

Übung: (siehe Fotos)

Die Lehrkraft legt (mit Hilfe der 1:1-Zuordnung) zwei oder drei Reihen (zunächst gleicher Elemente, das ist vom Vergleich her einfacher und lenkt nicht zusätzlich ab) vor den Schüler. Auf die Frage hin, ob in jeder Reihe gleich viele Teile seien, wird der Schüler vermutlich nicken. Nun verändert die Lehrkraft **vor den Augen des Schülers die räumliche Anordnung (hier: Ausdehnung)**, indem er die Elemente einer Reihe etwas auseinander zieht. Auf die Frage, ob nun auch noch in jeder Reihe gleich viele Teile seien, wird der Schüler in einer bestimmten Entwicklungsstufe antworten, dass in der auseinander gezogenen Reihe nun mehr Teile seien. Nun zieht die Lehrkraft die Elemente wieder zusammen, so dass die frühere gleiche Anordnung (und Ausdehnung) wieder hergestellt ist. Obwohl die Veränderungen vor den Augen des Schülers erfolgten, wird er vermutlich äußern, dass es nun wieder gleich viele seien.

Die Erkenntnis, dass sich die Mächtigkeit einer Menge erst durch Hinzufügen oder Wegnehmen ändert, stellt eine wichtige Voraussetzung für die Verwendung von Zahlen als Gegenstandsvertretern für Mengen dar. Eine 1:1-Zuordnung ist nur dann möglich, wenn eine Zahl sich immer auf die gleiche Menge von ihrer Mächtigkeit her bezieht. Wie ließe es sich rechnen, wenn die Zahl „4“ einmal für drei, ein anderes Mal für vier Elemente stünde?

3.13 Gegenstandsvertreter verwenden

Ganz allgemein gesehen finden sogenannte Gegenstandsvertreter nicht nur im Bereich der Mathematik Anwendung. Gegenstandsvertreter können als „**Symbole**“ für bestimmte Dinge, Zustände, Handlungen o.a.m. stehen, sind aus Übereinkünften und Regeln entstanden und stellen diese Sachverhalte ökonomisch **verkürzt** dar. So steht eine rote Ampel z.B. für die Regel, dass man als Fußgänger oder Autofahrer hier warten muss, bis die Ampel wieder auf „grün“ schaltet. Ein Buchstabe steht für einen bestimmten Anlaut im Bereich der Schriftsprache, ein Piktogramm weist darauf hin, welche Funktion z.B. ein Gemeinschaftsraum hat.

Eine Zahl stellt als Symbol die Mächtigkeit einer Menge dar, unabhängig davon, um welche Art von Elementen es sich dabei handelt und in welcher räumlichen Anordnung sie sich befinden. Im folgenden Abschnitt über die verschiedenen Aspekte des Zahlbegriffs wird dies unter dem Aspekt des Abstraktionsprinzips erläutert. Wir können also völlig unterschiedliche Dinge (ab-)zählen, seien es Spielsteine, Menschen, Autos o.ä. Voraussetzung für die Verwendung von Gegenstandsvertretern ist die 1:1-Zuordnung, da **jede Zahl für eine bestimmte Menge** steht. Eine Zahl als Symbol für etwas stellt bereits die höchste Abstraktionsstufe dar.

3.14 Zahlbegriff entwickeln (Zahlbegriffsaspekte)

Im folgenden Abschnitt soll aufgezeigt und verdeutlicht werden, wie vielseitig und damit auch schwierig der Weg zur Zahl für Schüler sein kann. Als gewandte Rechner haben Lehrkräfte diesen Weg schon längst vergessen und stehen manchmal ratlos vor der Frage, warum und wo genau die Schüler ihre Zugangsprobleme haben. Der Punkt 3.10 soll helfen, dies „wiederzuentdecken“ und zu ermöglichen, den Schülern geeignete Impulse in Form von gezielten Übungen auf dem Weg zum Zahlbegriff geben zu können.

Die im folgenden nach Gelman & Gallistel erläuterten Aspekte des Zahlbegriffs bauen sich auf den zuvor ausführlich dargestellten Stufen auf. Diese bilden die Basis für die eigenständige Entwicklung des Zahlbegriffs, ohne den Rechenoperationen nicht einsichtig durchgeführt werden können.

Teilfertigkeiten wie z.B. das auswendig aufgesagte „1+1=2, 2+2=4, 3+3=6, 4+4=8“ von Schülern (von den Eltern leider oft fälschlich als „rechnen können“ bezeichnet) sollten nicht darüber hinweg täuschen, dass ein echtes Verständnis für die hinter den gesprochenen Zahlwörtern liegenden Handlungsabläufe vielfach noch nicht vorhanden ist. Hier helfen z.B. Geschichten, in denen etwas hinzukommt oder weggenommen wird oder Situationsbilder, die in Schulbüchern zeitweise als „Rechengeschichten“ auftauchen. Sie sollen den Schülern verdeutlichen, dass Rechenaufgaben im Prinzip symbolische Darstellungen für konkrete Handlungsabläufe sind. Berücksichtigen wir, dass eine symbolische Darstellung bereits einen hohen Abstraktionsgrad voraussetzt, ist es einsichtig, dass so viele Schüler der Schule für Geistigbehinderte aufgrund ihrer Beeinträchtigung gerade im kognitiven Bereich hier auf Probleme und auch individuelle Grenzen stoßen.

Da auf die verschiedenen Aspekte des Zahlbegriffs im Kapitel 5 genauer eingegangen wird, sind hier nur kurze Anmerkungen zu möglichen Überprüfungssituationen und Handlungen angegeben, die zeigen, inwieweit Schüler bereits einen Einblick in sie gewonnen haben und ggf. schon anwenden können. In vielen Alltagssituationen werden zumeist mehrere Aspekte gleichzeitig angesprochen. Im Umgang mit Zahlen im Sinne von Rechenoperationen werden alle hier genannten 5 Aspekte benötigt.

1. Eineindeutigkeitsprinzip:

Jede Zählzahl gibt es nur einmal: 1, 2, 3..

- jeder hat seinen Namen
- jeder hat seine Schultasche
- jeder hat seinen Platz
- jeder hat seine Jacke
- jeder hat seinen Geburtstag
- jeder Tag hat sein Datum u.s.w.
- jede Zahl kennzeichnet eine Menge

2. Prinzip der stabilen Ordnung:

Die Zahlenreihe ist festgelegt; für jede Zahl gibt es einen festen Vorgänger und einen festen Nachfolger: ..14 (=Vorgänger), 15, 16 (=Nachfolger)..

- Reihen haben ihre Ordnung
  - hintereinander
  - nebeneinander
  - aufeinander
  - ineinander
  - aufsteigend, zunehmend
  - absteigend, abnehmend

3. Kardinalprinzip:

Die letzte genannte Zahl ist das Ergebnis

- die letzte Zählzahl gibt immer die Mächtigkeit einer Menge an

4. Abstraktionsprinzip:

Viele Dinge um uns herum werden gezählt

- es ist unwichtig, was gezählt wird, unabhängig von seiner Beschaffenheit

5. Irrelevanz der Anordnung:

Räumliche Ausdehnung ist unwichtig

- Anordnung der zu zählenden Dinge ist unwichtig für das Zählergebnis

Fragen und Aufgaben zu den o.g. Prinzipien könnten sein:

Zu 1.: Hat jeder einen Platz? (o.ä. Fragen)

Gib jedem eine Rassel! (o.ä. Aufträge)

Lege auf jedes Blatt einen Käfer, in jedes Auto ein Männchen etc.

Im Prinzip lassen sich alle Situationen nutzen, in denen es darum geht, zwei Dinge (oder auch Tätigkeiten) eindeutig einander zuzuordnen.

- LOTTO, DOMINO, Einlege – Puzzles etc.
- Geräusche-Lotto (jedes Bild gehört zu einem Geräusch)
- Klang-Lotto: Schüler sitzen in zwei Reihen voneinander abgewandt, auf beiden Seiten sind jeweils die gleichen Instrumente verteilt. Die Lehrkraft gibt nun einem Schüler ein Zeichen, sein Instrument anklingen zu lassen – derjenige Schüler mit dem gleichen Instrument auf der anderen Seite muss „antworten". Das Spiel funktioniert auch mit Körpergeräuschen wie z.B. Hände reiben oder klatschen, mit den Füßen stampfen, summen u.a.m.
- Zahlenhälften ergänzen und gemeinsam in die richtige Reihenfolge legen

Zu 2.: z.B. im Sport:

- stellt euch alle nebeneinander an die Wand
- stellt euch hintereinander auf
- setzt euch hintereinander auf den Boden und krabbelt wie eine Raupe
- baut mit den Legosteinen eine Treppe
- stelle die Autos hintereinander als Warteschlange vor deine Waschanlage etc.

Zu 3.: jeder Zählanlass sollte genutzt werden:

- wie viele Arme, Beine, Finger hast u?
- wie viele Kinder sind heute da?
- wie viele Bonbons hat jeder? etc.

Zu 4.: Die Schüler sollen viele unterschiedliche Dinge zum Zählen aussuchen.

Zu 5.: Eine jeweils gleichbleibende Anzahl von verschiedenen Elementen wird immer wieder vor den Augen auf dem Tisch umsortiert und nachgezählt.

3.15 Anbahnung und Umsetzung von Rechenoperationen auf den entsprechend möglichen Ebenen

Die Einsicht in den Zahlbegriff mit seinen verschiedenen Aspekten oder Prinzipien ermöglicht es dem Schüler, sich im Zahlengefüge zu bewegen. Dies kann auf unterschiedlichen Ebenen und in unterschiedlichem Ausmaß stattfinden, je nachdem, auf welchem Abstraktionsniveau er sich befindet.

So stellt es bereits eine operative Leistung oder Kompetenz dar, wenn ein Schüler auch ohne Anwendung von Zahlen mit Hilfe konkreter Materialien in der Lage ist, Handlungsabläufe im Sinne einer Plus- oder Minusaufgabe nach Anweisung zu legen und zu lösen. Eine gute Hilfe zur Vorstellung, was dabei passiert, bieten Metaphern wie „Prinzessin Plus“ und „Räuber Minus“ (Handreichungen 1982) oder entsprechende handlungsbegleitende sprachliche Erläuterungen durch die Lehrkraft. Eine Möglichkeit der Handlungsorientierung und Förderung des Abstraktionsvermögens bieten z.B. Geschichten, die von den Schülern spielerisch umgesetzt werden:

Rechengeschichte:

Am Bahnhof warten 3 Schüler, die in Urlaub fahren möchten. Der Zug fährt in den Bahnhof ein. Es sitzen schon 2 andere Schüler darin, die auch in Urlaub fahren wollen. Unsere beiden Schüler steigen dazu. Wie viele Schüler fahren jetzt mit?

vorher

nachher

Was ist da passiert? Erzähle mal!

Wenn die Schüler diese Situation selber nachspielen, erfahren sie handelnd, dass die Gruppe der Figuren im Zug erst durch ihr aktives Dazusetzen der wartenden Figuren größer wird. Ebenso lassen sich mit Hilfe solcher Geschichten auch Minusaufgaben vom Verständnis her einführen (Zugmaterial und Figuren vom Betzold-Verlag).

Wenn die Schüler dann noch in der Lage sind, diese Handlungsabläufe selber entsprechend zu beschreiben, haben sie eine gute Basis für weitere Einsichten erreicht.

Merke:
Rechenaufgaben stellen im Prinzip symbolisch dargestellte Situationen und Handlungsabläufe dar. Je enger ein Bezug zwischen handlungsorientierten Übungen im Unterricht und Alltag und angebotenen Arbeitsblättern für die Schüler zu erkennen ist, desto eher können sie Einsicht in diese Zusammenhänge gewinnen.

Mögliche Stufung bzgl. Abstraktionsniveau:

Darstellung der Aufgabe mit Symbolen (Zahlen)

↑

Darstellung mit Hilfe von Bildkarten

↑

Darstellung mit konkretem Material

Berücksichtigung bzgl. des Umfangs einer Aufgabe:

viele Elemente (z.B. im 100er-Bereich)

↑

mehr Elemente (z.B. im 10er-Bereich)

↑

wenige Elemente (z.B. im Bereich bis 5)

Um sich im entsprechenden Zahlenbereich frei bewegen zu können, müssen die Schüler die Fähigkeit zur **Reversibilität** ausgebildet haben, das heißt, einen Rechenvorgang in beide Richtungen ausführen können und den Zusammenhang erkennen können (Umkehraufgaben). Im Fall des Zugbeispiels hießen die Umkehraufgaben:

$$\mathbf{3 + 2 = 5 \quad \rightleftarrows \quad 5 - 2 = 3}$$

Im Bereich der Alltagserfahrungen bedeutet dies, dass ein Kind eine Handlung auf ihren Ursprung zurückverfolgen kann und von dort aus auch wieder den weiteren Verlauf beschreiben kann. Diese Fähigkeit ist eine grundlegende Voraussetzung für das sogenannte „vorausschauende Denken", also z.B. auch, welche Folgen bestimmte Handlungen haben können. Auch hierzu ein Beispiel zur Verdeutlichung:

Ein Kind setzt eine Tasse zu dicht am Tischrand ab, sie fällt herunter. Auf die Frage der Mutter, warum die Tasse wohl heruntergefallen sei, sollte die Einsicht kommen, dass sie zu dicht am Rand stand und das Kind beim nächsten Mal die Tasse weniger dicht am Rand abstellen will, damit sie nicht (wieder) herunterfallen kann.

Viele Situationen und Handlungsabläufe des Alltags lassen sich nutzen, den Schülern Fragen zu stellen, um sie gedanklich auf die Möglichkeit einer rechnerischen Umsetzung aufmerksam zu machen und sie dafür zu sensibilisieren. Im Prinzip stellt diese Art der „Denkerziehung" einen wichtigen Grundlagenbereich für die Ausbildung mathematischer Kompetenzen im Bereich der Rechenfertigkeiten dar und verdeutlicht deren Lebensbedeutsamkeit.

Beispiele:

- Wie viele Schüler sind schon mit dem Taxi / Bus gekommen? Wie viele werden noch kommen, bis alle Schüler der Klasse da sind?
- Miro lebt mit seinen Eltern und seinen 4 Schwestern in einem kleinen Bauernhaus. Wie viele Personen wohnen dann dort?
- Sarah hat am 20. Geburtstag. Wie viele Tage sind es noch bis dahin? (Kalender)
- Für unser Mittagessen müssen wir noch 6 Eier kaufen. Reicht unser Geld?
- Heute kommt Frau Müllers Klasse zum Frühstück. Haben wir für alle Schüler genügend Teller und Becher?
- Für unser Staffelspiel müssen in jeder Mannschaft gleich viele Schüler sein!
- Wir müssen ausreichend viele Stühle für unseren Morgenkreis in die Eingangshalle stellen; es kommen 5 Klassen mit je 7 Schülern dazu! (usw.)
- Meine Lieblingssendung beginnt um 17 Uhr. Wie lange kann ich noch spielen?
- Die neue CD meiner Lieblingsgruppe kostet 20 Euro. Ich habe aber nur 15 Euro zum Geburtstag geschenkt bekommen. Wie viel Geld brauche ich noch?
- Sven möchte einen neuen Teppichboden in seinem Zimmer verlegen. Er hat im Geschäft einen günstigen Restposten entdeckt, ist sich aber unsicher, ob das 3 x 2 m große Reststück für sein Zimmer reicht. Wie kann er die Bodenfläche errechnen?
- Insa hat von ihrer Oma 1 Euro geschenkt bekommen und möchte sich dafür ein Eis mit ihren Lieblingssorten Erdbeere, Zitrone und Schokolade kaufen. Eine Kugel kostet 50 Cent. Reicht ihr Geld?

4. Hinweise zur Materialgestaltung und Nutzung

Die Entscheidung für einen bestimmten Lerninhalt ist zwangsläufig mit der Frage nach der methodischen Umsetzung verbunden. Neben der äußeren Differenzierung in leistungshomogenere Lerngruppen innerhalb der Klasse, jahrgangsübergreifenden Lehrgängen im Bereich der Kulturtechniken oder einer gezielten Einzel- oder Kleingruppenförderung gilt es in jedem Fall, geeignete Unterrichtsmaterialien einzusetzen. Da es im engeren Sinne im Prinzip keine gängigen Unterrichtsbücher für die Schüler der Schule für Geistigbehinderte gibt und die Lehrkräfte in der Regel gezwungen sind, sich an mehr oder weniger geeigneten einzelnen Arbeitsblättern von Unterrichtswerken der Schule für Lernhilfe oder Grundschule zu orientieren, sollen in diesem Kapitel Hinweise zur Gestaltung eigener Materialien gegeben werden.

4.1 Unterrichtsmaterialien

Die Unterrichtsmaterialien sollten folgende **Kriterien** erfüllen:

- sie sollten zum Alter und den jeweiligen Interessen der Schüler passen
- sie sollten einen eindeutigen inneren Themenbezug haben
- sie sollten möglichst vielfältig einsetzbar sein
- sie sollten ohne allzu großen Zeitaufwand hergestellt werden können
- sie sollten möglichst kostengünstig sein
- sie sollten stabil und langlebig sein
- günstig ist es, wenn sie auch im Rahmen freier Arbeit nutzbar sind

Neben bewährtem Konstruktions- und Spielmaterial wie Duplo- oder Legosteinen, sogenannten Logischen Blöcken u.a.m. soll im folgenden auf themenbezogenes Material Wert gelegt werden. Da in den meisten Schulen Fotokopierer, Laminiergeräte sowie Bindegeräte zur Grundausstattung gehören, lassen sich mit einem gewissen Zeitaufwand (der sich aber durch die vielseitige und lange Einsetzbarkeit eindeutig wieder auszahlt) viele Dinge selber herstellen. Diese Materialien sind zum großen Teil auf der ikonischen oder symbolischen Ebene einzuordnen, da sie bereits Abbildungen oder symbolische Zeichen für konkrete Gegenstände oder Handlungen zeigen (vgl. Kapitel 2). Für Schüler, die sich auf einem niedrigeren Abstraktionsniveau befinden, ist es notwendig, bewusste Handlungserfahrungen mit konkreten Materialien zu gestalten, um eine Verinnerlichung jener Erfahrungen und Einsichten zu ermöglichen. Je bewusster ein Unterrichtsmaterial gestaltet und eingesetzt wird, um so eher sind diagnostische Schlussfolgerungen in Form von beobachtbaren Handlungsstrategien beim Schüler durch die Lehrkraft möglich (sofern Kenntnisse über Entwicklungsabläufe, Sachinhalte und Lernvorgänge vorhanden sind).

4.2 Niveauorientierung

Eine dem Schüler angemessene Niveauorientierung kann sowohl durch eine differenzierte themenbezogene Aufgabenstellung als auch über eine angepasste Materialgestaltung erfolgen. So wird bspw. eine Auseinandersetzung mit dem Themenbereich „Farben“ für die Schüler einer Klasse oder Lerngruppe auf unterschiedlichen Niveaustufen möglicherweise so aussehen können:

Aktivität		
Mischfarben herstellen (z.B. Regenbogen malen)	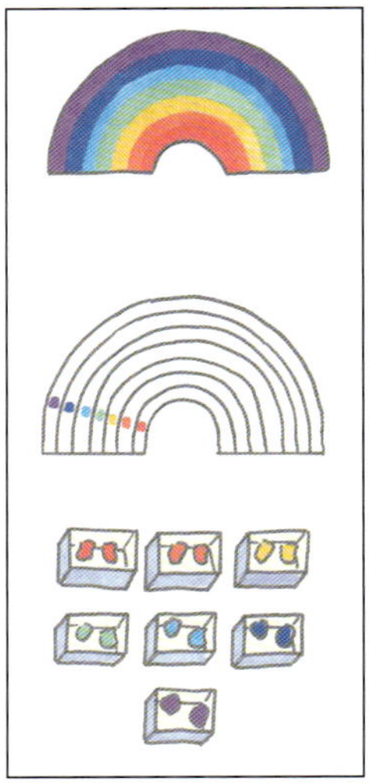	Gestalten eines Regenbogens
↑		↑
Farben gezielt einsetzen (z.B. Regenbogensegmente mit Schnipseln auslegen)		Farben zuordnen können
↑		↑
Farbige Schnipsel ordnen		Farben sortieren können

In der Regel geht der selbständigen Umsetzung eine Phase der gemeinsamen Erarbeitung voraus. An dieser Stelle sei noch einmal darauf hingewiesen, dass ein Schüler nicht unbedingt über aktive Sprache verfügen muss, um bspw. alle Farben richtig zuordnen und für seine Arbeiten gezielt einsetzen zu können. In der Schule für Geistigbehinderte finden sich nichtsprechende Schüler, die ihren sprechenden Mitschülern in der Begriffsbildung deutlich überlegen sein können. Hier gilt es, genaue diagnostische Beobachtungen und Handlungsproben durchzuführen, um einer Fehleinschätzung im Sinne einer Unterforderung entgegenzuwirken. In den unteren Klassenstufen ist eine innere Differenzierung durch unterschiedliche Materialien zumeist noch einfacher zu gestalten. Eine Vereinfachung bei älteren Schülern birgt die Gefahr, bei der Gestaltung der Unterrichtsmaterialien nicht immer in ausreichendem Maße die Altersinteressen zu berücksichtigen.

4.3 Projektorientierung

Der Lehrplan der Schule für Geistigbehinderte ist entsprechend der sehr heterogenen Schülerschaft bewusst offen gehalten, um den unterschiedlichen Lernbedürfnissen der Schüler gerecht werden zu können. Die sich aus den Beeinträchtigungen im Bereich der kognitiven Entwicklung ergebenden pädagogischen Konsequenzen wie Anschaulichkeit, Handlungsorientierung und die Notwendigkeit einer wiederholten Auseinandersetzung mit den jeweiligen Inhalten in unterschiedlichen Lern- und Realsituationen bieten sich für einen projektorientierten Unterricht geradezu an. So finden neben lehrgangsorientierten Kursen z.B. im Bereich der Kulturtechniken viele Lernbereiche ihren Platz im Rahmen eines fächerübergreifenden und handlungsorientierten Projektunterrichts. Ein gemeinsames Projektthema bietet zum einen die Möglichkeit für alle Schüler, sich vielseitig und intensiv, aber auch auf ganz unterschiedlichem Niveau an einem gemeinsamen Lerngegenstand einzubringen. Durch die längere Themenbearbeitung bietet es auch Schülern mit einem umfangreicheren Förderbedarf einen „roten Faden“ und leistungsstärkeren Schülern die Möglichkeit, sich intensiver und komplexer mit einem Lerngegenstand auseinander zu setzen. Im Prinzip lassen sich bei vielen Projektthemen zahlreiche mathematische Bezüge zu anderen Lernbereichen herstellen und entsprechend den Lernvoraussetzungen der Schüler differenziert mit einbeziehen.

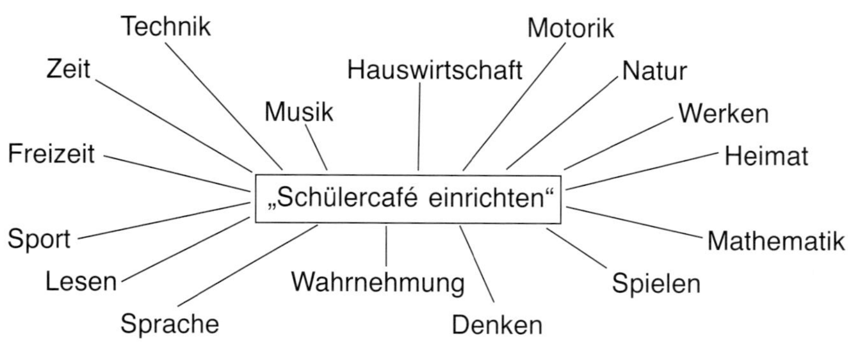

4.4 Anpassung von Materialien an Grundideen

Einige Materialien haben sich für den vielseitigen Einsatz in ganz unterschiedlichen Themenbereichen bewährt und bieten dem Schüler Sicherheit, da er die jeweilige Grundidee oder Regel bereits in anderen Zusammenhängen kennen gelernt hat und sich nun ganz auf den neuen Inhalt konzentrieren kann. Daneben ermöglichen sie eine gezielte Wahrnehmungs- und Konzentrationsförderung und können als sogenannte „Warming-ups“ (Aufwärmspiele z.B. zur Hinführung auf ein Thema) gut einen ritualisierten Unterrichtseinstieg nach einer ablenkungsreichen Pause darstellen. Aufgrund des wiederholten Einsatzes sind die Übungen bekannt, so dass sie sich auch für andere Bereiche, z.B. der freien Arbeit im Rahmen von Projekten eignen. Besonders beliebt sind sinnesbezogene Übungen wie das Ertasten von Gegenständen und deren Eigenschaften, akustische Wahrnehmungsübungen und -spiele sowie im Besonderen visuelle Wahrnehmungsübungen und -spiele, die hier sicherlich den größten Teil darstellen.

Beispiel Tastübung (mit Tastsack oder -kiste):
Themenorientierte Inhalte, Niveauorientierung möglich z.B. durch
a) Ertasten eines Gegenstandes nach Vorlage (z.B. Apfel)
b) Ertasten eines Gegenstandes, benennen und zuordnen zu einer Bildkarte
c) Ertasten einer vorgegebenen Menge von gleichen Gegenständen in einem von mehreren zur Verfügung stehenden Säckchen
d) aus zwei Tastsäcken gleiche Gegenstände gleichzeitig herausfinden

Beispiel Geräusche(-kassette):
a) Wahrnehmen und hinwenden zu einem Geräusch (Rassel, Musik o.ä.)
b) Zuordnen eines Geräusches (z.B. zu einer Bildkarte)
c) Zuordnen und bilden von Obergruppen aus einer Vielzahl von Geräuschen (Tiere, Musikinstrumente, Alltagsgeräusche etc.)

Bildhälften ergänzen (möglichst Abbildungen ohne ablenkende Details)
a) eindeutige Bilder (werden ggf. zuerst vor den Augen der Schüler zerlegt) Tiere, Schülerportraits, Lehrerportraits, Werkzeuge etc.
b) Themenbezogene Abbildungen, z.B.: Lebensmittel, Werkzeug, Instrumente
c) Bilderviertel zusammenfügen

Beispiele für visuelle Wahrnehmungsübungen: Lottospiel (s. Anhang)
a) Eine präsentierte Bildkarte benennen und auf entsprechendes Feld legen
b) Eine entsprechende symbolische Abbildung auf entsprechendes Feld legen
c) Eine entsprechende strukturiert angeordnete Menge auflegen
d) Eine entsprechende Menge auf eine Zahl legen (oder umgekehrt)
e) Plusaufgaben auf Ergebnis (oder umgekehrt)
f) Minusaufgaben auf Ergebnis (oder umgekehrt)

Des weiteren sind Bilder, Abbildungen usw. zu den Themenbereichen Tages- oder Uhrzeiten, Geldstücke und -scheine, Raum-Lage-Beziehungen etc. möglich.

Domino (s. umfangreiche Gestaltungsbeispiele im Anhang S. 138 ff.)

Da es beim Domino-Spiel im Grunde nur um eine zu beachtende Regel geht, darum, nach welchem Kriterium eine weitere Karte angelegt werden kann, ist es gerade für den Einsatz an Schulen für Geistigbehinderte geeignet. Dabei kann sowohl der Schwierigkeitsgrad in Bezug auf das Anlegekriterium differenziert werden als auch der Einsatzbereich auf viele Themen erweitert werden, wie die folgende Auflistung zeigt: (die Anfangskarte kann z.B. mit einem Pfeil → gekennzeichnet sein)

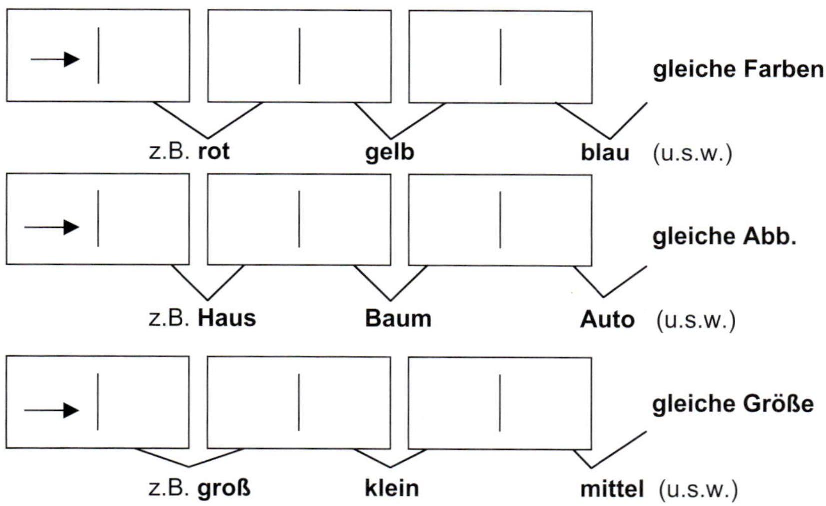

Weitere Kombinationen stellen dar: gleiche Form, gleiche Mengen, gleiche Ziffern, Zeichen – Menge, Ziffer – Menge, gleiche Geldstücke / Scheine, Betrag – Geld, gleiche Uhrzeit, Uhrzeitangabe – Uhrenbild, Plus- / Minusaufgabe – Lösung, ...

4.5 Hinweise zur Gestaltung eigener Arbeitsblätter

Grundsätzlich sollten Arbeitsblätter gerade für schwächere Schüler einen eindeutigen Bezug zu vorangegangenen Handlungsaufgaben mit konkretem Material haben!

Selbst gestaltete Arbeitsblätter bieten den Vorteil, dass sie zum vorhandenen konkreten Material und auf die verschiedenen Leistungsmöglichkeiten der Schüler abgestimmt werden können. Im Rahmen eines Projektes „Erntedank“ könnten z.B. folgende Aktivitäten und Arbeitsblätter im fächerübergreifenden Unterricht im Bereich Mathematik durchgeführt und eingesetzt werden:

Aktivität	**Arbeitsblatt**
Ordnen von Obstsorten für Salat	Eine Obstsorte soll markiert werden:

Anmerkung: am günstigsten sind eindeutige Merkmalsunterschiede, z.B. Bananen – Äpfel

Merke:
Je leistungsstärker die Schüler sind, desto umfangreicher können die zu unterscheidenden Merkmale sein (z.B. Obstsorten).

Abzählen von Obst, ggf. Teile hinzuzählen (z.B. weil Besuch kommt)

a) zu 2 Äpfeln wird einer hinzugelegt (Abb.)

b) **2+1=** ? (symbolisch dargestellt)

Merke:
Nach der Handlung mit dem konkreten Material „Äpfel“ folgt ein Arbeitsblatt mit Abbildungen, daneben ggf. ein großes Ziffern-Lösungsblatt als Hinführung zu Ziffern und Zeichen (z.B. Gleichheitszeichen „=“); als höchste Stufe wird die gleiche Aufgabe nur mit Symbolen (Ziffern) dargestellt.

Im umgekehrten Falle kann auf ein bereits vorhandenes Arbeitsblatt z.B. aus einem Grundschulbuch mit entsprechend passenden Materialien vorbereitend durch entsprechende Handlungsaufgaben hingearbeitet werden. Es ist nicht zu unterschätzen, dass die Schüler mit einer quasi „doppelten

Transferleistung" (einmal in Hinsicht auf die neuen abgebildeten Materialien und dann in Hinblick auf die höhere ikonische Darstellungsebene) überfordert sein können. Insofern bietet die Konzentration auf einen Schwierigkeitsbereich (also entweder gleiche Handlungsaufgaben mit neuem Material **oder** gleiche Materialien auf neuer Ebene) eine wertvolle Hilfe bei der Erweiterung der jeweiligen Kompetenzen des Schülers (vgl. Ansatz Kutzer, Kapitel 5).

Zusammenfassend lässt sich in Hinblick auf die Gestaltung von Arbeitsblättern in Anlehnung an die beschriebenen theoretischen Grundlagen und deren Bedeutung für die schulische Praxis (vgl. Kapitel 1 und 2) folgendes festhalten:

→ Geht man von der Annahme aus, dass sich Denken aus der Verinnerlichung von Handlungen entwickelt, so wird die Bedeutung der vorangehenden Handlung mit konkretem Material vor einer Vertiefung mit Hilfe von Arbeitsblättern einsichtig.

→ Da gerade Schüler mit einer Beeinträchtigung der geistigen Entwicklung häufig Probleme mit Transferleistungen haben, sollten die Inhalte der gestalteten Arbeitsblätter einen möglichst engen oder direkten Zusammenhang mit vorangegangenen Handlungsaufgaben aufweisen.

→ Zunächst sollten Abbildungen der konkreten Materialien und erst dann Symbole als Stellvertreter in den Arbeitsblättern benutzt werden.

Bedacht werden müssen also die jeweilige Ebene der Abstraktion und der Umfang der Komplexität (vgl. Lernstrukturgitter, Kapitel 5).

5. Kutzers Lernstrukturgitter

Das Konzept von R. Kutzer stellt einen handlungsorientierten Ansatz dar und eignet sich von daher auch für den Einsatz bei Schülern mit einer geistigen Behinderung. Er zeigt zudem Möglichkeiten einer individuellen Zugangsweise je nach Lernvoraussetzung der Schüler auf und bietet den Lehrkräften so eine wertvolle Unterstützung bei der Planung, Gestaltung und Bewertung von Lernprozessen im Unterricht. Er verknüpft die Sachstruktur mathematischer Inhalte mit den individuell unterschiedlich entwikkelten Lernvoraussetzungen der Schüler und fasst die Möglichkeiten einer Einordnung der Lernausgangslagen der Schüler sowie logisch folgernden weiterer Lernziele übersichtlich in einem sogenannten Lernstrukturgitter auf. Zum einen werden die jeweiligen mathematischen Inhalte unter dem Gesichtspunkt vorhandener Abstraktionsmöglichkeiten des einzelnen Schülers skizziert und zum anderen der Aspekt der Komplexität (Umfang) berücksichtigt. Beide Aspekte sind bei der Gestaltung einer Förderung von Schülern mit einem Förderbedarf im Bereich der geistigen Entwicklung von besonderer Bedeutung.

Die folgende Skizze soll den Aufbau des Lernstrukturgitters verdeutlichen; es stellt immer die gleichen Leitaspekte **Abstraktionsvermögen** und **Komplexität** dar und kann auf die im ersten Kapitel dargestellten Stufen des pränumerischen Bereichs problemlos angewandt werden:

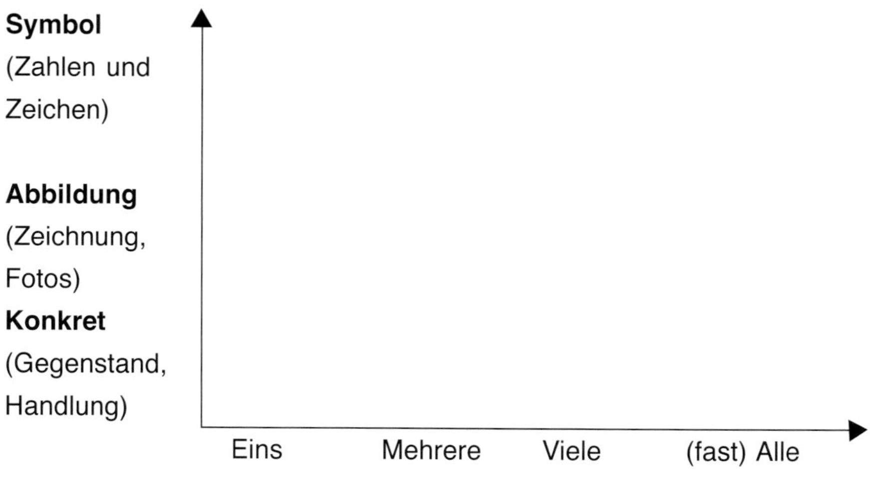

Die Nutzung des **Lernstrukturgitters** erleichtert eine individuelle Einordnung von Schülern hinsichtlich ihrer jeweiligen Lernvoraussetzungen und bietet in heterogenen Lerngruppen eine wertvolle Hilfe bei der Unterrichtsplanung.

Folgende Fragen stellen sich bei der Erstellung:

Wie umfangreich können die Lerninhalte sein?

Reicht zunächst **ein** konkretes ausgewähltes Beispiel aus?
Können bereits **mehrere** Beispiele erfasst und verstanden werden?
Kann der Schüler bereits **viele** Beispiele verstehen und umsetzen?

Beispiel: (Formen; **„rund“**) in Klasse U 1

Anna, Ben	kennen einen Ball / Murmel
Claus, Dari	kennen Ball, Perlen, Reifen
Evi	kennt große und kleine Bälle, Perlen und Geldstücke
Flo	kennt große und kleine Bälle, Perlen, große und kleine Geldstücke
Gihan	kann „rund“ als Eigenschaft unabhängig vom Gegenstand erkennen

Diese Angaben ermöglichen eine Einordnung bzgl. der Komplexität des Lerninhalts.

Wo steht der Schüler von seiner Abstraktionsfähigkeit her?

Benötigt er **konkretes Material** oder eine **konkrete Handlung** zum Verständnis?
Kann er fotografische oder zeichnerische **Abbildungen** deuten?
Kann er bereits **Symbole** lesen und anwenden?

Zu diesem Beispiel:

Anna und Ben	benötigen konkretes Material als Hilfsmittel
Claus, Dari, Evi	können bereits mit Fotos/Abbildungen arbeiten
Flo, Gihan	kennen bereits Zahlen als Gegenstandsvertreter

Diese Angaben ermöglichen eine Einordnung bzgl. des Abstraktionsniveaus.

Die Berücksichtigung beider Aspekte ermöglicht eine differenzierte Förderung aller Schüler.

Eine Einordnung der o.g. Schüler sähe demnach folgendermaßen aus:

Thema: Formen; „rund“
Klasse: U 1 (Unterstufe)

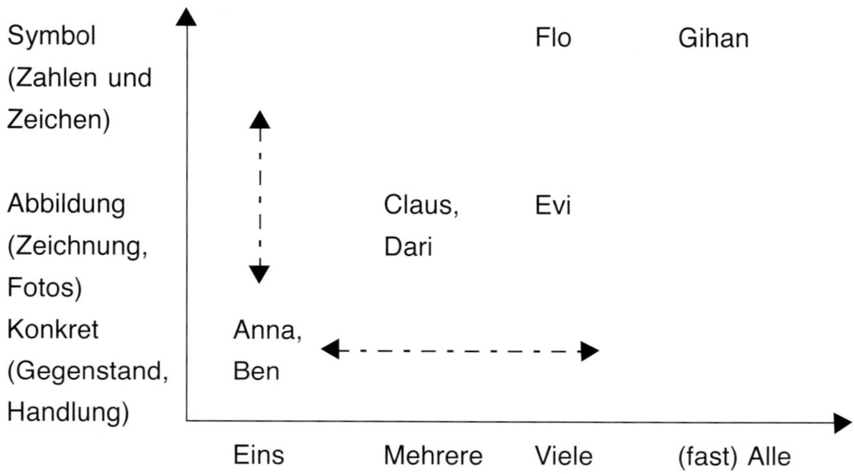

Konsequenzen für die Förderplanung:

Anna und Ben können ihre Kenntnisse erweitern, indem sie weitere Gegenstände kennen lernen, deren Merkmal „rund“ ist (z.B. Spielsachen). Des weiteren kann der Einsatz von entsprechenden fotografischen Darstellungen ihr Abstraktionsniveau fördern, eine passende Tastsackübung die Vorstellung der zuvor visuell erfassten Gegenstände aufbauen und festigen.

Claus und Dari lernen ebenfalls weitere geeignete Gegenstände mit dem Merkmal „rund“ kennen und können diese vermehrt auch auf abstrakteren Abbildungen erkennen. Evi lernt erste Zahlen als Gegenstandsvertreter kennen und wird so an die symbolische Ebene herangeführt.

Flo und Gihan zählen bereits verschiedene runde Gegenstände ab und notieren die Anzahl auf einem Arbeitsblatt. Sie sollen demnächst kleinere Mengen zusammenzählen und auch als einfache Plusaufgabe aufschreiben können.

Auch bei Schülern mit Beeinträchtigungen im Bereich der geistigen Entwicklung sind Teilkompetenzen ausgebildet, die es in Hinblick auf die Komplexität / den Umfang und auf ihr Abstraktionsniveau zu erweitern gilt. Lernstrukturgitter können bei der Planung weiterer Lernziele als anschauliche Dokumentation eine gute Hilfe und Unterstützung darstellen und das Führen individueller Förderpläne erleichtern.

Bei allen Lerninhalten setzt der Autor zunächst beim Umgang mit konkretem Material an, um den Schülern Gelegenheit zu Handlungserfahrungen zu geben, die eine unabdingbare Voraussetzung für die Verinnerlichung von Lernprozessen und Ausbildung von Vorstellungsbildern sind. **Echte Handlungen** unterscheiden sich von einem eher „hantierenden Umgang" mit Material durch folgende Merkmale, die z.B. in Form geeigneter Unterrichtssituationen von der Lehrkraft initiiert werden können:

zielorientiert	*(der Schüler hat eine Vorstellung vom Ergebnis seiner Handlung),*
motiviert	*(der Schüler hat Freude / Interesse am Erreichen seines Ziels),*
plangeleitet	*(der Schüler hat eine vage / klare Vorstellung vom Weg zum Ziel),*
kontrolliert	*(der Schüler schätzt am Ende den Erfolg seiner Handlung ein).*

Beispiel: Anna und Ben sollen aus runden Moosgummiteilen und schmalen Streifen Bäume zusammenlegen; durch ein Modell wissen sie, wie das Ergebnis aussehen soll und können ihre Handlungsergebnisse so auch selbständig kontrollieren; der Impuls der Lehrkraft lautete: „Könnt ihr aus diesen Teilen auch Bäume legen?"

Ziel:	Bäume nach Vorlage aus Kreisen und Streifen zusammen legen
Motivation:	Ist es möglich?
Plan:	Nach Demonstration durch die Lehrkraft
Kontrolle:	Vergleich mit Vorlage

Das Kutzer-Material umfasst sowohl ein theoretisches Konzept, entsprechende Schulbücher für den Bereich Lernhilfe („Mathematik entdecken und verstehen") und geistige Entwicklung („Rechne mit Zalo Zifferli") als auch entsprechende Unterrichtsmaterialien („Kutzer Rechenzug"), die beim Eigenverlag auch über das Internet (http://www.kutzer-verlag.de) erhältlich sind (vgl. Bezugsquellen).

5.1 Anwendung des Kutzer- Zugs mit zunehmender Ausblendung der Materialien zur Förderung der Abstraktionsfähigkeit

Umgang mit konkretem Material und Kombination mit materialnahen Abbildungen

Gebrauch der materialnahen mit abstrakteren Abbildungen

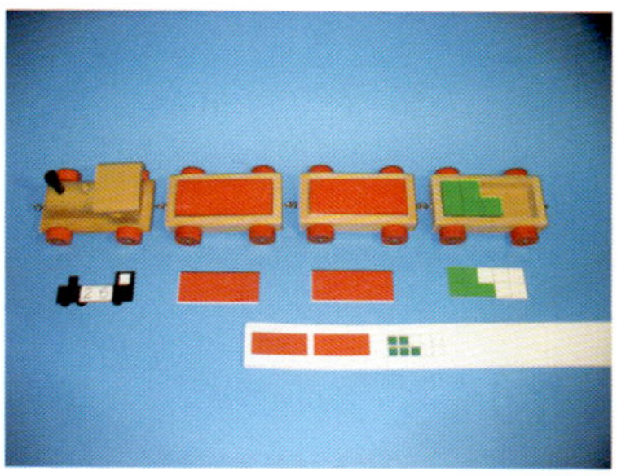
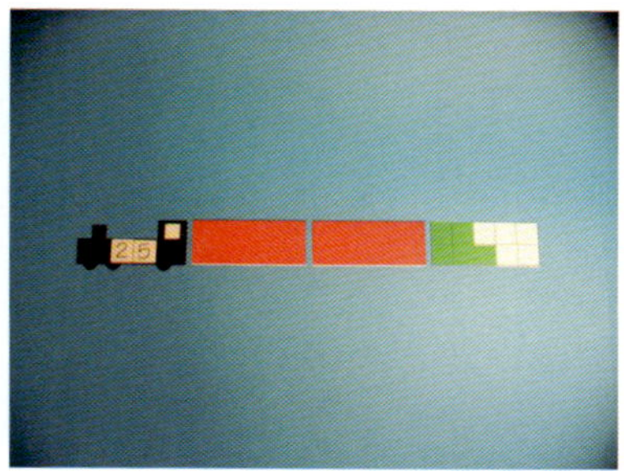

Weglassen des konkreten Materials (es bleibt nur Abbildungsmaterial)

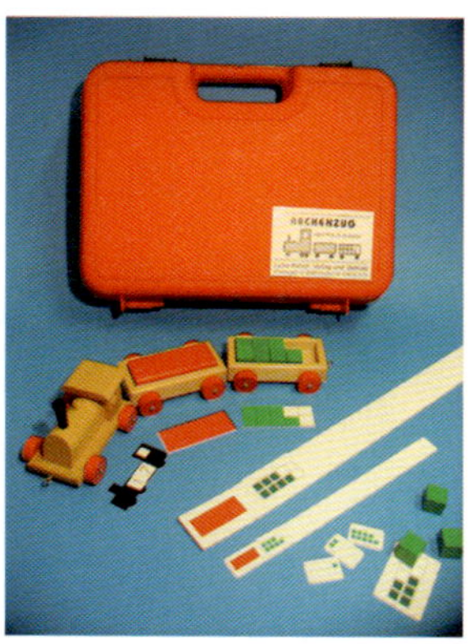

Materialien und Abbildungen als Hinführung zur Arbeit mit dem Schulbuch

6. Besondere Bereiche „Zeit“ und „Geld“

Die Bereiche „Zeit“ und „Geld“ stellen besondere Anforderungen an die Schüler, da sie ein höheres Abstraktionsvermögen voraussetzen. Kompetenzen im Umgang mit Zeit und Geld helfen, den Alltag zu strukturieren und Handlungen im Umfeld besser zu verstehen. Daher stellen sie wichtige Lerninhalte dar, die auch für Schüler mit einem höheren Förderbedarf lebensbedeutsam sind und nicht von vornherein ausgeklammert werden dürfen. So stellen die Einsicht in wiederkehrende Tageszeiten und Handlungsabläufe wichtige Voraussetzungen für die Entwicklung eines immer ausdifferenzierteren Zeitgefühls dar, welches im Idealfall im angemessenen Umgang mit konkreten Uhrzeiten mündet (vgl. Dank, 1997). Die Erfahrung, dass man für Dinge beim Einkaufen bezahlen muss, sind grundlegende Alltagserfahrungen. Diese wecken erst das Interesse auf genauere Einsicht in den Wert von üblichen Zahlungsmitteln und führen zu der Frage nach der Bedeutung der jeweiligen Geldstücke oder Scheine.

Vielfach besteht seitens der Lehrkräfte und Eltern der Wunsch, dass die Schüler die Uhr zumindest in vollen Stunden lesen lernen, doch sollte auch bei diesem Lernbereich (vgl. Kulturtechniken) ein Blick auf sogenannte „Vorstufen“ der „Uhr-Lesefertigkeiten“ geworfen werden. Berücksichtigt man die unterschiedlichen Lernvoraussetzungen und Lebensbedingungen von Schülern, so lassen sich grob folgende inhaltliche Abstufungen nennen:

Schüler mit einem hohen Förderbedarf:

– **Erleben**, erkennen und deuten von Tageszeiten in Bezug auf den eigenen Alltag: morgens, tags, abends, nachts etc. (Zumeist durch Aktivitäten gekennzeichnet; Aufstehen, Schule, Essen, Spielen, Schlafen etc.); ggf. Fotos zur Veranschaulichung

Schüler mit einem mittleren Förderbedarf:

– **Kennen und benennen** markanter Zeitpunkte im Tagesablauf:

z.B.: 7 Uhr wecken, halb 8 Frühstück, 8 Uhr Schultaxi, 9 Uhr Schulfrühstück, 12 Uhr Mittagessen in Schule, 15 Uhr Schultaxi nach Hause, 18 Uhr Abendessen, 20 Uhr Schlafengehen. Dabei werden nach und nach auch die entsprechenden Stellungen der Uhrzeiger als Gesamtbild verinnerlicht, da man die überprüfenden Blicke der jeweiligen Bezugspersonen auf eine vorhandene Uhr bemerken und verfolgen kann. Dies bedeutet nicht unbedingt ein Verständnis über die Zusammenhänge von sehr langsamen Stundenzeiger und langsamem Minutenzeiger, wie Erwachsene es verstehen. Um Einsicht in den Verlauf eines Zeigers zu gewinnen, bietet sich im Prinzip nur der Sekundenzeiger an, da dessen Bewegungsablauf deutlich visuell nachvollziehbar ist. Sprachliche Erläuterungen der jeweiligen Situation: „Aufstehen Sina, es ist schon 7 Uhr!“, „Wir müssen den Tisch decken, es ist gleich 12 Uhr!“ usw. verdeutlichen die zeitlichen Zusammenhänge zum jeweiligen Geschehen und verleihen diesen Zeitpunkten entsprechende Namen. Je nach Alter und Interessen können auch regelmäßig wiederkehrende Fernsehreihen zu einer Strukturierung des Tages in Form festgelegter Sendezeiten das Bewusstsein für die Bedeutung von Uhrzeiten führen und das Interesse am Erlernen einer Uhr-Lesefähigkeit wecken (18 Uhr „Sesamstrasse“, 19.45 Uhr „Gute Zeiten – schlechte Zeiten“ usw.), oder auch Verabredungen mit Freunden, die man gerne zeitlich einhalten möchte.

Schüler mit einem geringen Förderbedarf:

– **Erlesen, deuten und anwenden** von Uhrzeiten

Im Mittelpunkt der Förderungen steht hier die selbständige Anwendung von Uhrzeiten im täglichen Kontext: Wichtige Zeitpunkte und Zeiträume eigenständig abschätzen, berechnen und in der Planung des eigenen Alltags berücksichtigen können (z.B. „In 10 Minuten kommt mein Bus.“, „Ich muss noch drei Stunden arbeiten, bis ich nach Hause kann“ usw.). In diesem Lernbereich zeigt sich ebenso wie im selbständigen Umgang mit Geld am deutlichsten, wie nah ein Förderbedarf zum Bereich Lernen ist. Diese Schüler werden zumeist als sogenannte „Grenzfälle“ zu einer Lernbeeinträchtigung bezeichnet und haben die größeren Chancen, im Rahmen unterstützter Eingliederung auf dem allgemeinen Arbeitsmarkt später eine Tätigkeit zu finden. Daneben benötigen diese Schüler später auch nur wenig Unterstützung im Bereich eines eigenständigen Wohnens im nachschulischen Leben. Für diese Schüler macht es den meisten Sinn, ihre Fähigkeiten im Bereich des Erlesens der Uhr in Form von Arbeitsblättern differenziert zu fördern (siehe Anhang Arbeitsblätter „Uhrzeiten“). Bei der Auswahl der Aufgaben bieten sich auch hier lebensbedeutsame Inhalte wie Freizeitgestaltung etc. zur Förderung der Motivation an.

Bei der Erfassung der jeweiligen Lernausgangslage kann auch in diesen Bereichen das bereits vorgestellte Lernstrukturgitter eine Hilfe zur Orientierung weiterer Fördermaßnahmen sein:

Beispiel: Lernstrukturgitter

Umgang mit Uhrzeiten

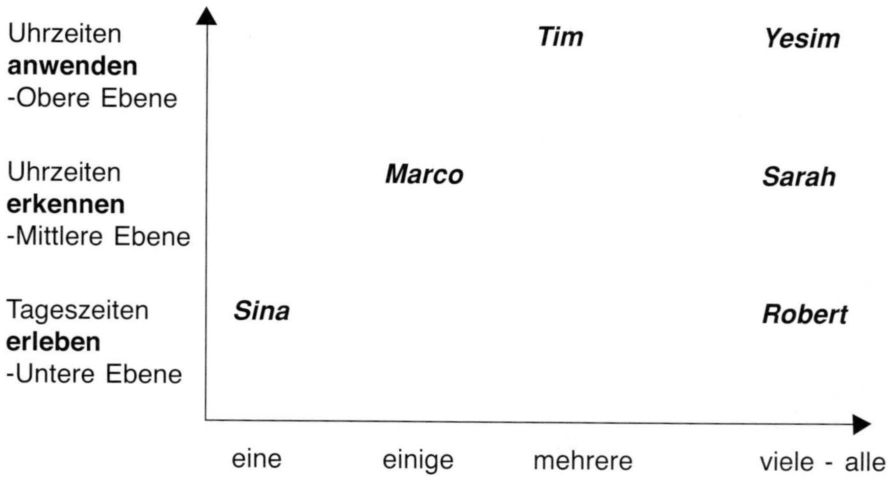

Interpretation:

Untere Ebene:

***Sina* erlebt** die Tageszeit Abend, wenn es dunkel wird und sie zu Bett geht.

***Robert* erlebt** viele Tageszeiten und weiß ihnen Aktivitäten zuzuordnen.

Mittlere Ebene:

***Marco* kennt** einige Uhrzeiten; u.a. Taxizeiten, Mittagessen, Lieblingssendung.

Sarah kann alle vollen und halben Stunden **erkennen** und benennen.

Obere Ebene:

Tim kann die Uhrzeiten seinem Tagesablauf zuordnen.

Yesim kann selbständig Informationen aus Zeitung und Busplan **entnehmen**.

6.1 Methodische Hinweise

Dementsprechend unterscheiden sich die Förderplanungen für die Schüler. Während für einige Schüler eher eine einfache Zuordnung bspw. von Tages- und Nachtsymbol zu verschiedenen fotografisch dargebotenen Aktivitäten sinnvoll erscheinen, wollen andere Schüler ihre Kompetenzen im klassischen Uhrenlesen erweitern. Als Hilfsmittel bieten sich neben den gängigen Modellen einer analogen oder digitalen Armbanduhr verschiedene einfachere oder umfangreicher ausgestattete Lernuhren an und zur Erstellung von individuellen Arbeitsblättern ein sogenannter „Blanko-Stempel“.

6.2 Übungsuhr zum Erlernen der Stundenfolge (HABA):

Dieses Modell ermöglicht eine Einsicht in die Richtungsfolge der Uhrzeiten von 1-12 und in die Bedeutung des Stunden- und Minutenzeigers; Vorteil : wenig ablenkende Details.

Vorzug des Modells:

Die Zahlenwürfel lassen sich einzeln herausnehmen und wieder einlegen. So bietet sich die Möglichkeit eines übenden Zuordnens durch den Schüler.

6.3 Übungsuhr zur differenzierteren Einsicht in genaue Uhrzeiten:

Differenzierte Darstellung

Vereinfachte Darstellung mit Abdeckung

6.4 Blanko-Stempel zur Anfertigung individuell angepasster Arbeitsblätter:

Mit Blanko-Stempeln lassen sich hervorragend individuelle Arbeitsbilder und weitere Aufgabenzusammenstellungen zum jeweiligen Tagesablauf der Schüler erstellen:

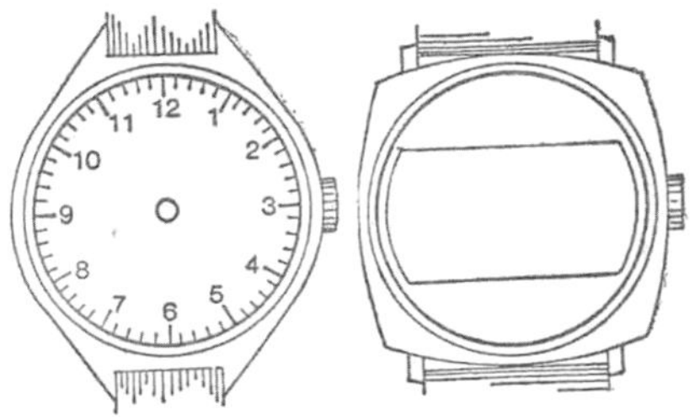

Analoge und digitale Darstellung

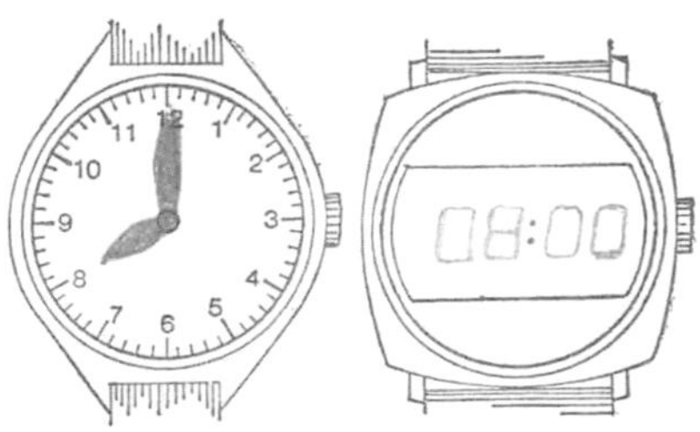

Beispiel volle Stunde

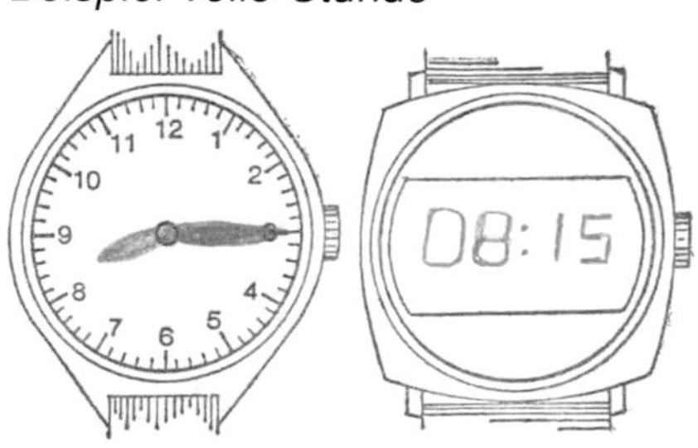

Beispiel viertel Stunde

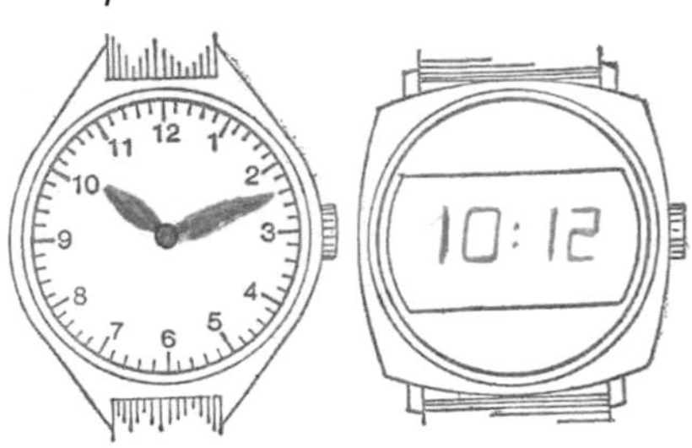

Beispiel genaue Uhrzeit

Wann stehst Du auf?

Wann kommt Dein Taxi / Bus?

Wann gibt es Mittagessen in der Schule?

Wann beginnt Deine Arbeit?

Wann beginnt Deine Lieblingssendung?

Wann kommt Dein Vater nach Hause?

Wann gehst Du ins Bett?

Wann fährt der Bus in die Stadt?

Wann gehst Du heute von der Arbeit nach Hause?

u.s.w.

Welche Uhrzeiten kennst Du schon?

Trage alle vollen Stunden ein!

Trage alle halben Stunden ein!

Wie spät ist es auf dieser Uhr?

Vergleiche die Zeiten!

6.5 Allgemeine methodische Hinweise

Wie bereits dargestellt, stellt das bewusste Erfassen von zeitlich fixierten Geschehen und Handlungsabläufen eine wesentliche Voraussetzung für die Entwicklung eines differenzierteren Zeitempfindens dar. Von daher ist bereits eine sprachliche Begleitung bedeutsamer Situationen und Abläufe durch die betreuenden Personen im schulischen wie häuslichen Umfeld hilfreich und förderlich. Das Entdecken von verschiedenen Uhren in wichtigen Lebensbereichen (Küchenuhr, Schuluhr, Armbanduhr, Bahnhofsuhr,..) unterstützt das Erfassen und Bewerten zeitlich fixierter Situationen sowie strukturierter Tagesabläufe und hebt die Bedeutung des erweiterten Erfassens von Uhrzeiten hervor („Das Taxi kommt, bist du fertig?", „Das Essen ist fertig, setzt euch bitte an den Tisch!"). Neben den Blanko-Kopiervorlagen im Anhang finden sich hilfreiche Anregungen in Werken wie Dank (1997) und auf den entsprechenden Seiten gängiger Kinder- und auch Grundschulbücher.

6.6 Blanko-Stempel für die Gestaltung individueller Arbeitsblätter:

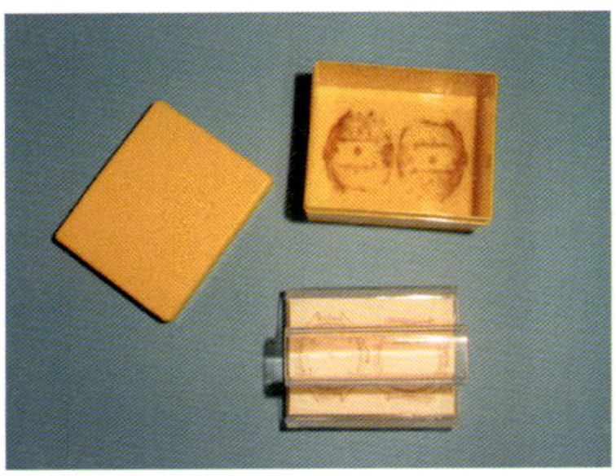

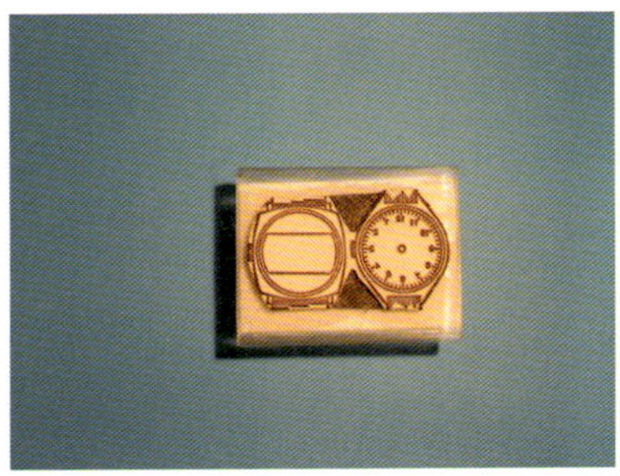

6.7 Beispiele für Uhren in der Umwelt:

Küchenuhr

Armbanduhr

Radio-Wecker

6.8 Einsicht in den Umgang mit Geld

Grundlegende Voraussetzung für den Umgang mit Geld bedeutet die Erkenntnis, dass es sich beim Gegenstand „Geld" um *ein allseits anerkanntes wertvolles Tauschmittel* im Bereich der Selbstversorgung handelt (z.B. für Einkäufe von lebenswichtigen Materialien, Dienstleistungen und anderem mehr). Dies stellt bereits eine hohe Abstraktionsleistung für die Schüler dar und erfordert eine besondere Auswahl an Lerninhalten und methodischen Zugangsweisen, um möglichst vielen Schülern einen größtmöglichen individuellen Zugang zum Lerngegenstand zu ebnen. Im folgenden soll darauf eingegangen werden, welche vorangehenden Kompetenzen entwickelt werden müssen, um einen Zugang zum Umgang mit Geld zu gewinnen. Auch hier bietet das Lernstrukturgitter eine gute Hilfe bei der Bestimmung von Lernvoraussetzungen und Hinweisen für eine individuelle Kompetenzförderung, auf die im weiteren noch kurz eingegangen wird.

Ausgehend von der Überlegung, in welchen Situationen Schüler Gelegenheit haben, Erfahrungen und Einsichten mit Geld zu sammeln, können vor allem gemeinsame Einkäufe mit den Eltern, Geschwistern oder anderen Personen genannt werden. Als erste Begegnung steht die Erfahrung, dass bei solchen Gelegenheiten ein Tausch von Geld und Kaufgut zwischen Käufern und Verkäufern stattfindet. Der Schüler erlebt zunächst den immer wiederkehrenden Handlungsablauf in verschiedenen Kaufsituationen. Er beobachtet, fragt nach dem Sinn des Tauschens und erhält durch die Erklärungen der jeweiligen Bezugspersonen Hinweise, um diesen Ablauf deuten und verstehen zu können; kurz gesagt:

Wenn ich etwas kaufen möchte, so brauche ich Geld.

Diese Einsicht zeigt sich daran, dass ein Schüler nach Geld fragt, um damit etwas kaufen zu können. Das stellt bereits eine einfache Form der Anwendung (Transfer) dar. Um diese Zusammenhänge verstehen und verinnerlichen zu können, benötigen die Schüler Erfahrungen, über die sie in sehr unterschiedlicher Weise verfügen. Zum einen hängt es vom jeweiligen Umfang der Beeinträchtigung des Schülers ab, ob die Familie ihn zum Einkaufen mit nimmt. Erfordert der Schüler ein höheres Maß an Aufsicht, so verzichten viel Familien darauf, sich beim Einkaufen diesem zusätzlichen Stress auszusetzen und überlassen dieses Erfahrungsfeld eher der Schule.

Als grundlegende Lernfolge kann also das Erleben, Deuten und Anwenden von Tauschmitteln angesehen werden. Da Schüler gerne ihre Eindrücke des Alltags nachspielen, sollte in der Schule Gelegenheit gegeben werden, dies in möglichst realitätsnaher Form umzusetzen (z.B. Einkaufsladen, Schulkiosk, Unterrichtsgänge zum Einkaufen im Rahmen des Hauswirtschaftsunterrichts und anderer Anlässe).

Auf die Einsicht, dass etwas getauscht wird, folgt das nähere Interesse nach dem genauen Tauschgegenstand, der erfahrungsgemäß überall so praktisch einsetzbar ist:

Was wird da eigentlich immer hin- und hergeschoben beim Bezahlen?

Das Interesse zeigt sich in der Nachfrage nach einzelnen Scheinen und Geldstücken, die jeweils gerade beachtet werden können. Es folgt die Erfahrung und Einsicht, dass es sich um bestimmte immer wiederkehrende Werte handelt. Der Versuch einer inneren Ordnung folgt (z.B. die silbernen Geldstücke sind oft 1-Euro-Stücke, - manchmal aber auch 2-Euro-Stücke – woran sind sie zu unterscheiden?). Unterstützend sollte an dieser Stelle Gelegenheit gegeben werden, Geldstücke nach gleichen äußeren Merkmalen zu sortieren. Das Erkennen und richtige Gruppieren der Geldstücke und die richtige Benennung der Wertigkeit in Form eines „Namens“: Das Nennen „1 Euro“ bedeutet allerdings noch nicht, dass ein Schüler bereits den damit beinhalteten Tauschwert angemessen einzuordnen weiß. Diese Einsicht erfordert umfangreichere Kauferfahrungen und höhere Abstraktionsleistungen. Da es sich bei der Schülerschaft um eine sehr heterogene Lerngruppe handelt, gilt es, den Blick auf die jeweiligen Möglichkeiten der Kompetenzerweiterung auf individuellem Niveau zu achten und daraus entsprechende Fördermaßnahmen abzuleiten. So könnten z.B. in einer Lerngruppe zunächst gemeinsam die unterschiedlichen Wertigkeiten benannt werden, ihre markanten Merkmale für alle hervorgehoben werden und dann je nach Vorerfahrung zunächst sortiert und dann nach Wertigkeit geordnet werden. Entsprechende Arbeitsblätter mit realitätsnahen Abbildungen (Spielgeld von einer Bank oder Sparkasse) eigenen sich zur vertiefenden Übung und Festigung des Gelernten (Beispiele siehe Anhang Arbeitsblätter).

Die höchste Stufe der Lernkompetenz liegt im selbständigen Umgang mit Geld und beginnt beim Erkennen und Benennen einfacherer Geldbeträge (z.B. beim Kauf einer Brezel für 1 € auf dem Jahrmarkt oder der Leihgebühr von 3 € für einen Videofilm):

Der zunächst begleitete Einkauf von Zeitschriften, Sammelbildern oder Süßigkeiten führt an umfangreichere Geldbeträge heran und erfordert zudem ggf. das Zusammenzählen verschiedener einzelner Geldbeträge zur Gesamtsumme. Die von den Schülern ausgehenden Interessen und Lebenswelten bestimmen die Erfahrungsfelder und sollten bewusst für initiierte Lernsituationen genutzt werden. Der Gang zum Bäcker für ein gemütliches Wochenendfrühstück kann im häuslichen Umfeld zu weiteren bewussten Erfahrungen beitragen:

Im Rahmen der Vorbereitung auf ein weitgehend selbständiges Leben in individueller Betreuung bieten sich des weiteren die gemeinsame Vorbereitung und Durchführung von Einkäufen im Supermarkt, in Bekleidungsgeschäften und Möbelhäusern an und bieten so motivierende und lebensbedeutsame Erfahrungs- und Lernfelder, die auch noch im nachschulischen Leben eine wichtige Rolle spielen:

Im Anhang befinden sich Vorschläge zur themenorientierten Arbeitsblattgestaltung unter Berücksichtigung unterschiedlicher Leistungsanforderungen und Lernstufen. Grundsätzlich ist es hilfreich, die Arbeitsblätter durch entsprechende vorangehende Handlungserfahrungen zu ergänzen, um den Schülern einen Zugang zur Abbildungsebene zu geben. In diesem Buch sind gemalte Bilder als Impulse für die verschiedenen Handlungsfelder verwendet. In Anlehnung an diese lassen sich Fotos der regional gängigen Supermärkte und anderer Geschäfte für die eigene Lerngruppe erstellen, um einen möglichst hohen Wiedererkennungswert für die Schüler zu gewährleisten.

6.9 Umgang mit Geld (Handelnder Umgang in Lernfeldern)

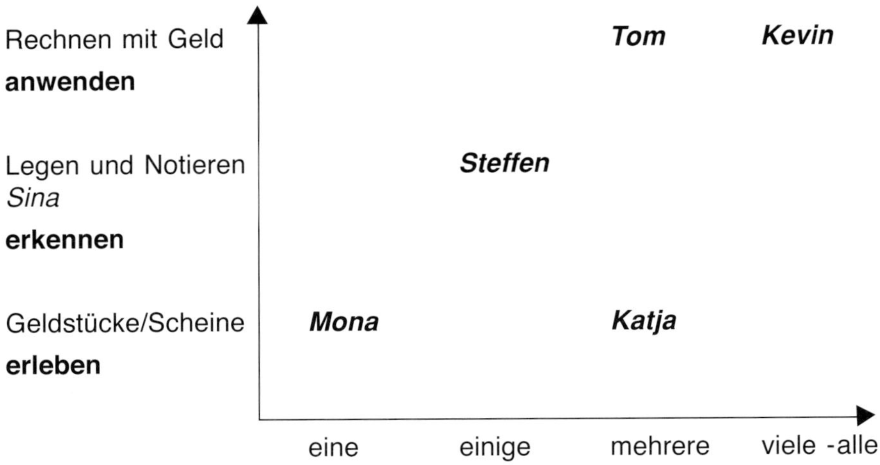

<u>Interpretation:</u>

Untere Ebene:

***Mona* erlebt**, dass es Geld gibt, sie erkennt 1-Euro-Geldstücke (Einkaufswagen).

***Katja* erlebt**, dass es verschiedene Geldstücke und Geldscheine gibt.

Mittlere Ebene:

Steffen kennt einige Geldstücke und Scheine (z.B. 1 €, 2 €, 5 €- und 10 €-Scheine).

***Sina* kennt** alle Geldstücke und Scheine und kann ihren Wert benennen.

Obere Ebene:

***Tom* kann** vertraute Einkäufe erledigen (z.B. 1 Flasche Cola für 1,50 € kaufen).

***Kevin* kann selbständig** einkaufen und abschätzen, ob sein Geld ausreicht.

Ebenen der rechnerischen Gestaltung/Umsetzung:

Rechnen mit Geld (Errechnen: Addition, Subtraktion, Ergänzen..) ↑ (schwer)

↑

Geldbeträge legen und aufschreiben (in beide Richtungen) (mittel)

↑

Erkennen und Benennen von Geldstücken und Geldscheinen (leicht)

6.10 Möglichkeiten zur spielerischen Heranführung an den Umgang mit Geld:

Einkaufsladen in der Klasse, Kiosk oder Laden im Schulgebäude, Flohmarkt spielen, Planen der Ausgaben für einen Ausflug oder eine Klassenfahrt, Erkunden von Geschäften für späteres weitgehend selbständiges betreutes Wohnen in den Abschlussklassen, Entwerfen entsprechender Aufgaben und Arbeitsblätter zur jeweiligen Lebenswelt der Schüler.

Möglichst erst „glatte" Geldbeträge wählen und zunächst addieren, später subtrahieren und dann erst Ergänzungsaufgaben auswählen (z.B. Berechnen eines Rückgeldes oder Sparen).

2,00€
4,00€

5,00€
7,00€

15,00€
20,00€

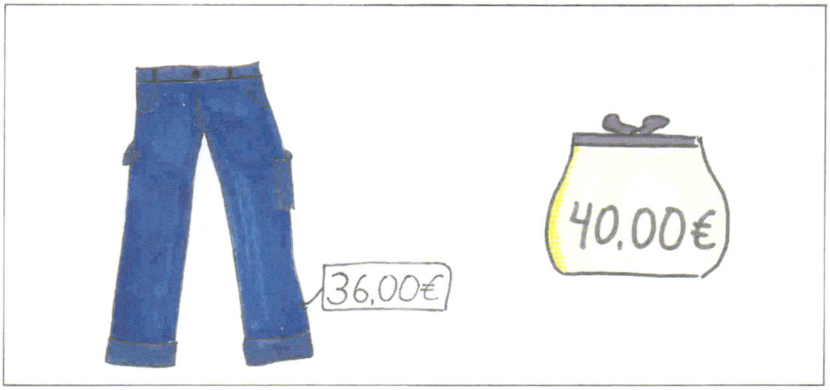

Ausgangspunkte für Rechenaufgaben im Bereich Geld könnte jeweils der Wunsch nach einem der oben abgebildeten Gegenstände sein. Es steht vom Taschengeld oder Gehalt her ein bestimmter Betrag zur Verfügung. Wie viel Geld bleibt jeweils nach dem Einkauf?

7. Diagnostik und Förderung

Eine sinnvolle Förderung hängt jeweils vom individuellen Lern- und Leistungsstand eines Schülers ab. Die Erfassung der individuellen Lernausgangslage setzt wiederum sowohl Kenntnisse über den Aufbau der mathematischen Sachstruktur seitens der Lehrkraft als auch im Idealfall Grundeinsichten in diagnostische Sichtweisen und Verfahren voraus. Daneben sollten verschiedene Zugangsweisen und methodische Möglichkeiten berücksichtigt und gezielt schülerorientiert eingesetzt werden. Einige Anregungen dazu sind in diesem Buch zu finden und sollten im Idealfall dazu führen, eigene Variationen zu entwickeln, die dem jeweiligen Thema (z.B. Projekt) genauso gerecht werden wie den Schülerinteressen. Dies dient der Motivation der Schüler, die auf diese Weise auch einen leichteren Zugang zu den jeweiligen Inhalten finden werden. In diesem Zusammenhang bietet jede Unterrichtssituation gleichzeitig auch eine diagnostische Komponente, die es zu nutzen gilt. Je besser die Einsicht der Lehrkraft in die mathematische Sachstruktur und die möglichen Zugangsweisen, umso effektiver können die Unterrichtsbeobachtungen zu einer entsprechenden Anpassung der Lerninhalte und -methoden genutzt werden.

Die im Buch kurz vorgestellten standardisierten Testverfahren (OTZ→ Osnabrücker Test zur Zahlbegriffsentwicklung und DEMAT 1+) werden vorrangig in Hinblick auf eine informelle Nutzung zur direkten Ableitung von Fördermaßnahmen und entsprechender Aufgaben beschrieben. Daneben sollen Handlungsproben Anregungen für eine Möglichkeit zum Beobachten und Erfassen von Lernausgangslagen geben.

7.1 Standardisierte Testverfahren

Im folgenden sind einige grundsätzliche Bemerkungen zu Testverfahren im allgemeinen aufgeführt. Zum einen besteht ein Unterschied zwischen sogenannten standardisierten (und somit an entsprechenden Normgruppen orientierten) Testverfahren mit streng vorgegebenen Auswertungskriterien und entsprechenden Auswertungstabellen und andererseits der Möglichkeit einer informellen Informationsgewinnung – z.B. durch Gestaltung und Einschätzung gezielter „Handlungsproben" oder einer freien Beobachtung im Rahmen des täglichen Unterrichts. Zum anderen eignen sich standardisierte Testverfahren z.T. auch informell zur Bestimmung einer individuellen Lernausgangslage und zur Hypothesenbildung über eine geeignete Förderung eines Schülers, wenn sie eher qualitativ als quantitativ ausgewertet werden. Für den mathematischen Bereich erscheinen mir zwei standardisierte Testverfahren geeignet, eine schulbezogene Einordnung vorzunehmen. In Bezug auf ihre Anforderungen im Abstraktionsbereich sollten die Aufgaben mit Zeichnungen (Abbildungen) in Anlehnung an die vorhergegangenen Erläuterungen mit konkretem Material ergänzt werden, sofern eher ein Förderbedarf im Bereich der geistigen Entwicklung zu vermuten ist. Dieses ermöglicht auch dieser Zielgruppe eine kompetenzorientierte Diagnose und Beschreibung des jeweiligen Erkenntnis- und Lernstandes.

7.2 OTZ Osnabrücker Test zur Zahlbegriffsentwicklung

Der OTZ wurde eigentlich für den Schuleingangsbereich entwickelt, um eine Einschätzung des Entwicklungsstandes der verschiedenen Zahlbegriffsaspekte zu ermöglichen, die eine wesentliche Grundlage für den Umgang mit Rechenoperationen bilden. Geht man davon aus, dass Schüler mit einer geistigen Behinderung grundsätzlich gleiche Entwicklungsstufen durchlaufen wie nicht behinderte Kinder, wenn auch in verzögerter Form, so bietet der OTZ auch für die Erfassung der Lernausgangslage in der Schule für geistig Behinderte durchaus ein geeignetes Medium. Unter Berücksichtigung der besonderen Lernmöglichkeiten dieser Schüler ist es sinnvoll, konkrete Materialien und Handlungsabläufe in die Durchführung mit einzubeziehen.

Beachtet man die Hinweise aus den ersten Kapiteln in Bezug auf die Bedeutung der verschiedenen Abstraktionsstufen, so werden die angesprochenen Abwandlungsmöglichkeiten zu den jeweiligen Testitems (Aufgaben) leicht nachvollziehbar sein. Der Test umfasst insgesamt 40 Aufgaben. Sie sind aufgeteilt in 8 Bereiche (Vergleichen, Klassifizieren, Eins-zu-eins-Zuordnen, nach Reihenfolge ordnen, Zahlwörter benutzen, synchrones und verkürztes Zählen, resultatives Zählen, Anwenden von Zahlenwissen) mit jeweils 5 Aufgaben. Da einige Aufgaben nur auf der ikonischen (Abbildungsebene) präsentiert werden, empfiehlt es sich, diese für den Einsatz im GB-Bereich mit konkreten Materialien durchzuführen (s.o.).

7.3 DEMAT 1+

Der Deutsche Mathematiktest für erste Klassen zielt auf die Altersgruppe und Schülerschaft am Ende des ersten und Anfang des zweiten Schuljahres und überprüft die jeweiligen Lernstände mit Hilfe von 36 Items in 9 Subtests zu folgenden Bereichen:

- Mengen – Zahlen
- Zahlenraum
- Addition und Subtraktion

- Zahlenzerlegung – Zahlenergänzung
- Teil – Ganzes
- Kettenaufgaben
- Ungleichungen
- Sachaufgaben

Der DEMAT 1+ ist im Gegensatz zum OTZ auch als Gruppentest (Grundschule) einsetzbar und soll im Rahmen einer normalen Unterrichtsstunde durchzuführen sein. Zum Teil sind die Aufgaben in einem vorgegebenen Zeitrahmen zu bearbeiten. Eine Auswertungstabelle ermöglicht ein Leistungsprofil, aus dem nicht nur eine Einstufung im Vergleich zu Gleichaltrigen erfolgen kann, sondern auch deutlicher Stärken und Schwächen einzelner Teilleistungsbereiche aufgezeigt werden, die dann in eine entsprechende Förderung münden sollten. Da sich die Autoren (Karajewski, Küspert und Schneider 2002) in ihren theoretischen Vorbetrachtungen in Bezug auf den Erwerb mathematischer Kompetenzen / Operationen konkret auf die verschiedenen Abstraktionsebenen nach Aebli und Bruner beziehen, erscheint es sinnvoll, die bereits recht abstrakt formulierten Aufgabenstellungen für Schüler mit einer Beeinträchtigung im Bereich der geistigen Entwicklung auf eine entsprechend konkretere Ebene abzuwandeln.

Phase 1	Konkrete Handlung	(enaktive Ebene)
Phase 2	Bildliche Darstellung	(ikonische Ebene)
Phase 3	Symbolische Darstellung in Ziffern	(symbolische Ebene)
Phase 4	Automatisierung im Zeichenbereich	

Abb. Stufen des Erwerbs arithmetischer Operationen in Anlehnung an Aebli (1976) im Vergleich zu den kognitiven Entwicklungsstufen nach Bruner et al. (1971). (Karajewski 2002, S. 9)

Die Aufgaben des DEMAT 1+ erscheinen für Schüler mit einem geringeren Förderbedarf im Bereich der geistigen Entwicklung, die sich im Grenzbereich zum Förderschwerpunkt Lernen befinden, ein geeignetes diagnostisches Mittel bei der schulischen Einstufung und der Erstellung von Förderplänen zu sein. Unter Berücksichtigung des jeweiligen Entwicklungsstands des Schülers im mathematischen Bereich ist er informell für diese Schüler gut nutzbar.

7.4 Informelle Vorgehensweise zum pränumerischen Bereich

Im folgenden soll in Anlehnung an die theoretischen Grundlagen und die vorgestellten Testverfahren eine kindgemäße „Spielekette“ bis zum Zahlbegriff beschrieben werden sowie einzelne Aspekte noch einmal im besonderen hervorgehoben werden. Die im Anhang als Kopiervorlagen ausgewiesenen Materialien können zudem eine am vorgestellten kombinierten Stufenmodell orientierte Hilfestellung bei der informellen Erfassung individueller Lernausgangslagen und der Gestaltung von Fördersituationen im täglichen Unterricht darstellen.

7.5 Eine Spielekette bis zum Zahlbegriff

Denkbar ist eine kombinierte **Spiel- und Rategeschichte**. Diese könnte z.B. folgendermaßen gestaltet werden:

Material: 1 Tastsack mit 4 Spielfiguren, 4 neutralen Holzwürfeln (ohne Punkte), 4 Autos, 4 Schoko-Bonbons, 5 Legosteinen, 6 Spielsteinen; Fotos und Bildkarten zu den Gegenständen; 6 flache Teller oder ausreichend große Kreise aus Moosgummi; 6 Duplo- oder Playmobilfiguren, halbierte Ziffernkarten mit den Zahlen 1-12; 8 zusätzliche neutrale Holzwürfel.

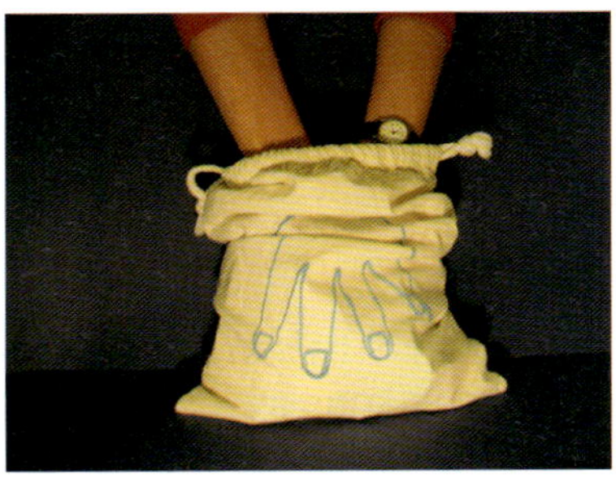

„Ich habe Dir heute einen Überraschungssack mit geheimnisvollen Gegenständen mitgebracht, schau, wie voll er ist! Kannst Du mit Deinen Händen ertasten, was da alles drin ist?“

*-> Schüler ertastet und ordnet ggf. mit Hilfe von Impulsen den **Inhalt:***

„Das hast Du prima hinbekommen! Schau mal, hier sind einige Teller, verteile alle Dinge, die Du so gut gefunden hast und lege bitte auf jeden Teller etwas anderes!“

<u>„Prima!“</u>

„Lege bitte zu jedem Teller das entsprechende Bild!"

„Prima!"

„Schau mal, ich habe hier 6 Figuren (Duplo oder Playmobil), jeder möchte einen Teller haben, welche Figur soll welchen Teller haben?"

„Damit es keinen Ärger gibt, schau mal nach, dass auf jedem Teller gleich viele, bzw. 4 Teile sind!"

„Prima!"

„Schau mal, der hier meint, er hat mehr als die anderen, stimmt das?"

(Lehrkraft zieht vor den Augen des Schülers die Sachen auf dem Teller auseinander und überprüft ggf. mit Schüler durch gemeinsames Abzählen, ob sich etwas verändert hat.)

„Das hast Du alles prima gemacht!"

„Ich habe hier noch einige Zahlenkarten, die ich für ein Spiel auseinander geschnitten habe. Kannst Du einige davon wieder zusammen setzen?"

„Prima!"

„Jetzt möchte ich die Zahlen gerne in der richtigen Reihenfolge hinlegen – kannst Du schon zählen? Dann können wir es ja gemeinsam machen!" (Zur Überprüfung des Ordinalzahlaspekts könnte jetzt noch eine Karte herausgenommen werden, die der Schüler dann entsprechend wieder einordnen soll.)

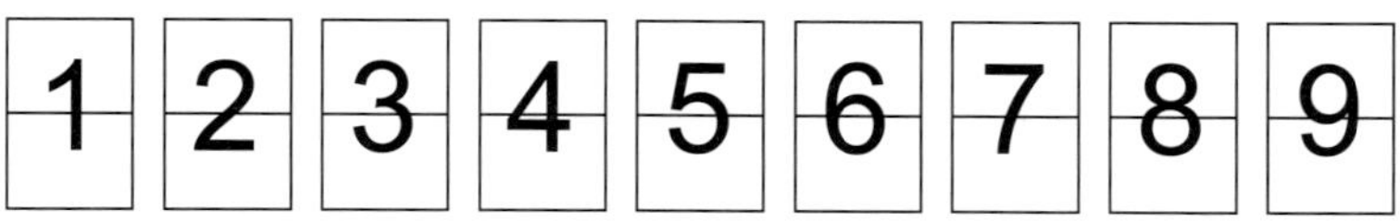

„Ich lege Dir jetzt 12 Holzwürfel in eine Reihe. Kannst Du mir den 3., 7., 11. Würfel zeigen?"

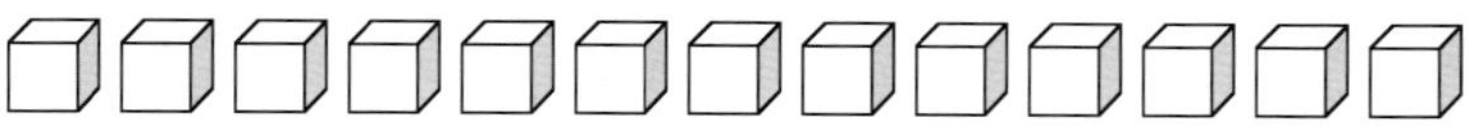

7.6 Handlungsproben zu einzelnen Aspekten des Zahlbegriffs

Die im folgenden dargestellten Übungsvorschläge lehnen sich im besonderen an die aufgeführten Aspekte des Zahlbegriffs nach Gelman & Gallistel und an Inhalte des OTZ an und sollen eine Hilfestellung für fachfremde Lehrkräfte im Bereich der Förderung sein. Der Anschaulichkeit halber sind sie durch Fotos ergänzt:

7.7 Eineindeutigkeitsprinzip

Auch 1:1-Zuordnung genannt; jedes Element darf nur einmal abgezählt werden.

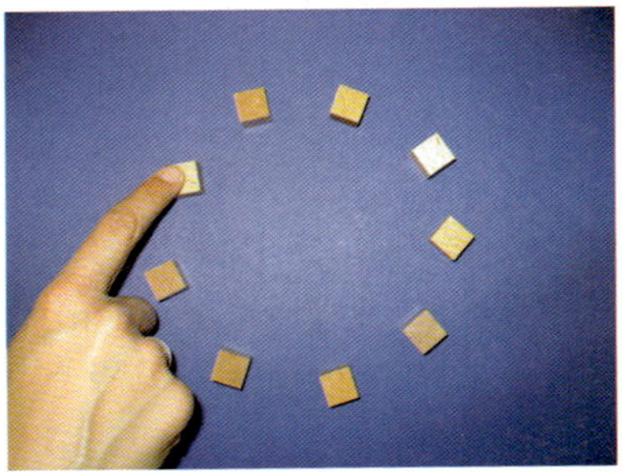

Durch Antippen jedes Elementes beim „Ab"-Zählen erhält automatisch jedes Element nur einen bestimmten Zählnamen. Legt man zusätzlich noch jedes bereits gezählte Element zur Seite, ergibt sich automatisch und übersichtlich eine bereits gezählte und eine noch zu zählende Menge von Elementen. In der ersten Abbildung (Übung OTZ) verlieren einige Kinder noch den Anfang ihres Zählvorgangs. Für sie stellt es eine Erleichterung dar, eine vorgegebene Menge beliebiger Elemente nach dem Schema der zweiten Abbildung abzuzählen.

7.8 Aspekt der stabilen Ordnung (Ordinalaspekt)

Jede Zahl hat ihren festen Platz in der Zahlwortreihe, immer den gleichen „Vorgänger" (eins weniger) und immer den gleichen „Nachfolger" (eins mehr);

Die Aufforderung: „Zeige mir den 6. Würfel" (Übung in Anlehnung an OTZ) kann nur richtig gelöst werden, wenn die feste Reihefolge der Zahlen, wie sie auch im zweiten Foto zu sehen ist, verinnerlicht wurde.

7.9 Kardinalaspekt

Die letzte Zählzahl gibt stets die Mächtigkeit einer Menge an, das bedeutet die Anzahl ihrer Elemente; sie ist unabhängig von der Beschaffenheit und der Anordnung der zu zählenden Elemente. Die Abbildung zeigt eine Zählstrategie, die verhindern soll, bereits gezählte Elemente versehentlich doppelt zu zählen.

7.10 Abstraktionsprinzip

Es können beliebige Elemente unabhängig von ihrer Beschaffenheit und Bedeutung gezählt werden; es sollten möglichst viele Zählanlässe im Alltag genutzt werden!

Diese Abbildung zeigt nur ein kleines Beispiel dafür, dass es unwichtig ist, was gezählt wird, wenn es z.B. darauf ankommt, auf jeden Teller gleich viele, hier 4 Elemente, zu legen; durch entsprechendes Abzählen wird man bei allen Elementen je Teller immer auf 4 Elemente kommen, unabhängig von ihrer Beschaffenheit. So lassen sich die Schüler einer Klasse ebenso abzählen wie die Stühle im Essraum, die Buntstifte im Mäppchen, die Münzen in der Spardose, die Finger an der Hand, die Busse vor der Schule oder die Bonbons in der Verpackung und vieles mehr.

7.11 Prinzip der Irrelevanz der Anordnung (Invarianz)

Beim Erfassen der Mächtigkeit einer Menge ist es unwichtig, in welcher Anordnung die Elemente verteilt sind; ihre Lage zueinander verändert nicht die Anzahl an sich.

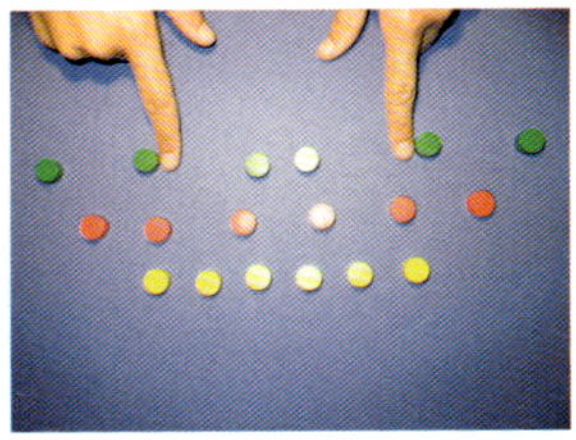

Auf dem ersten Foto ist zu sehen, dass trotz sehr unterschiedlicher Anordnung die Anzahl der Elemente gleich bleibt, ihre räumliche Anordnung ist also unwichtig, was sich durch Abzählen bestätigt.

Bei den beiden folgenden Fotos ist dieser Aspekt noch einmal unter dem Blickwinkel der „Invarianz" hervorgehoben, wobei ein Erweitern der räumlichen Ausdehnung durch Auseinanderziehen vor den Augen des Schülers verdeutlichen soll, dass sich eine Menge nicht alleine durch eine größere Ausdehnung verändert, sondern nur durch Hinzugeben oder Wegnehmen von Elementen.

Ein weiteres informelles Verfahren bietet der Ordner „Beraten – Beurteilen – Fördern" (Heuer, 1997). Es dient der Erfassung mathematischer Kompetenzen etwa ab der Einschulung bis zur vierten Klasse der Grundschulzeit. Als Beispiele seien hier die Arbeitsblätter zur Erfassung der Invarianz und der Gegenstandsvertreter aufgeführt:

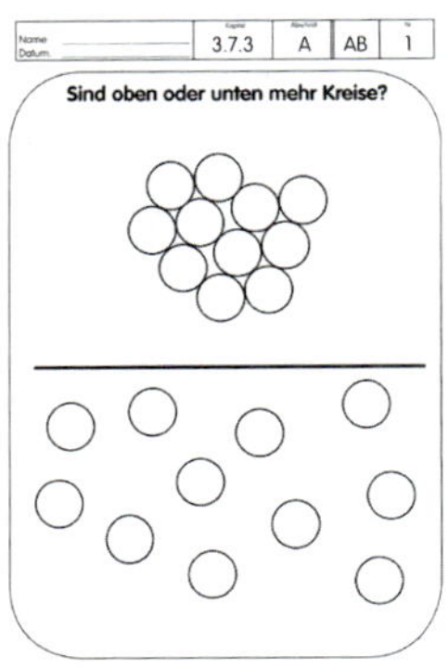

Invarianz

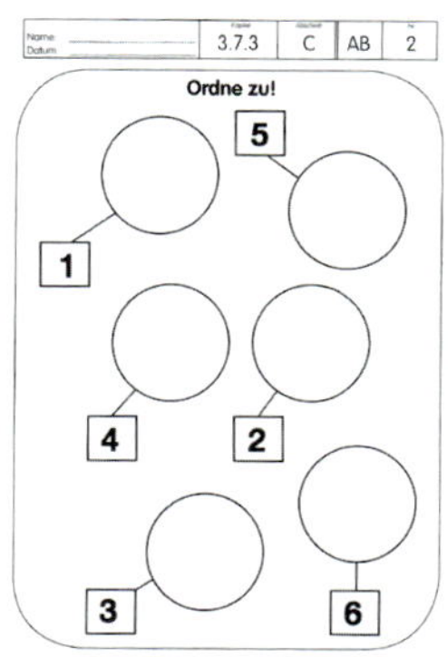

Mengen zuordnen

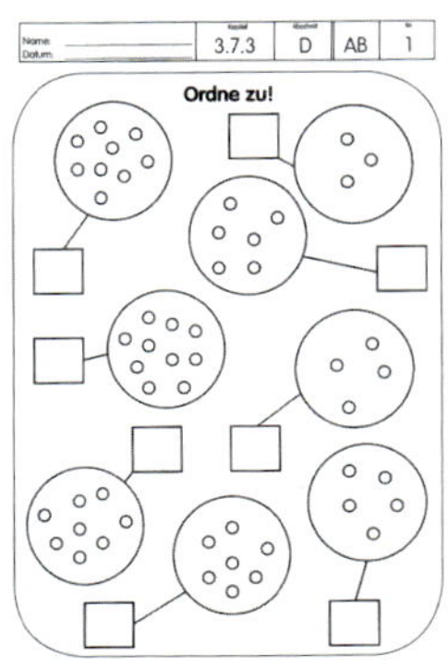

Gegenstandsvertreter

8. Ausgewählte Lernprogramme

8.1 Kriterien für Computerprogramme

- Stufenbezogener Aufbau der Inhalte
- mit ansteigendem Schwierigkeitsgrad
- individuell einsetzbar
- individuell zusammenstellbare Übungsaufgaben
- Bediener freundlich

8.2 BF Software Mathelernprogramme

Sebastian Feigl
Am Schirenhof 32
73525 Schwäbisch Gmünd
fax: 07171 93 96 74
www.bfsoftware.de

Die vorgestellten Mathelernprogramme sind aus der praktischen Arbeit in der Schule entstanden und wurden auf die besonderen Lernvoraussetzungen der Schüler mit einer geistigen Behinderung abgestimmt und angepasst. Sie erfüllen in hohem Maße die oben genannten Kriterien und sind zudem relativ preiswert zu erwerben. Im folgenden seien die beiden Programme BF und Multifix stichwortartig aufgelistet, um einen ersten Eindruck vom Aufbau der Inhalte zu gewinnen. Daneben finden sich Abbildungen aus den entsprechenden Aufgaben, die dem Prospekt der Firma entnommen sind (internet info: www.bfsoftware.de) sowie einige kleine Zeichnungen zur Veranschaulichung der Aufgaben und des ebenfalls preiswerten und ansprechenden Schülermaterials, welches die schuleigene Schülerfirma vertreibt (S. 98, 107, 108).

Paket Mathelernprogramme Version 1.0 und Version 2.2 (Windows)
- Mengen bilden (Gänseblümchen aus Wiese in Vase klicken)
- Mengen erfassen (Früchte abzählen)
- Mengen vergleichen (Früchte vergleichen)
- Mengen bilden (Fahrgäste in Bus klicken)
- Mengen erfassen (Fahrgäste im Bus zählen)
- Mengen- und Zahlzerlegung (Wartende an Haltestellen)

– Mengenerweiterung und –verringerung (Fahrgäste im Bus)
– Mengenerweiterung und –verringerung (Fußballspiel)

Multifix Paket Programme zum Einmaleins
– Zauberer Multifix
– Malreihen aufbauen
– Malreihen üben
– Kreuz und quer durch's Einmaleins
– Malaufgaben finden
– Eigene Malaufgaben erfinden
– Besondere Aufgaben
– Nachbaraufgaben, Tauschaufgaben, Quadrataufgaben
– Verdoppeln / Halbieren
– Malaufgaben mit großen Zahlen
– Einmaleins-Rennen

Besonderer Vorteil der Programme: Es können individuell zusammengestellte Aufgabenlisten zusammengestellt werden, die dem Leistungsstand und Übungsbedarf des jeweiligen Schülers angepasst sind. Da sich die Aufgaben u.a. durch ergänzende Abbildungen weitgehend von selbst erklären, benötigt die Lehrkraft keine unnötig lange Einarbeitungszeit und kann die entsprechenden Programme rasch im eigenen Unterricht einsetzen. Die Schüler können sich an den gleichbleibenden Rückmeldungen selbständig orientieren (Sonne und Regenwolke), da Aufgabentyp und Bedienung klar strukturiert und recht leicht zu bedienen sind. Zudem bietet der stufengerechte Aufbau auch fachfremden Lehrkräften eine gute Orientierung, welche Inhalte als nächstes angebahnt werden sollten.

8.3 Zusatzmaterial zum Computer Lernprogramm bf-software:

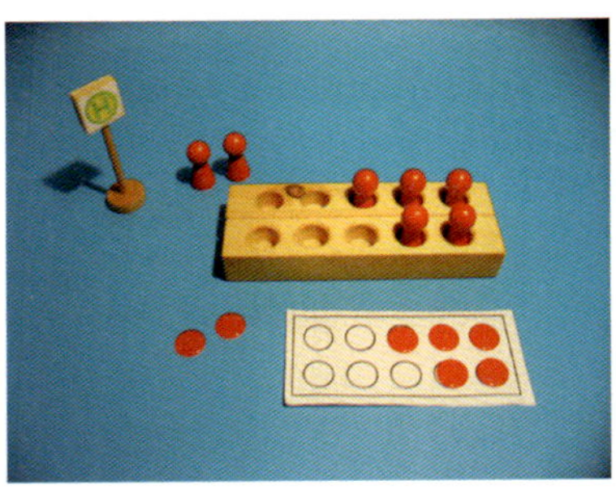

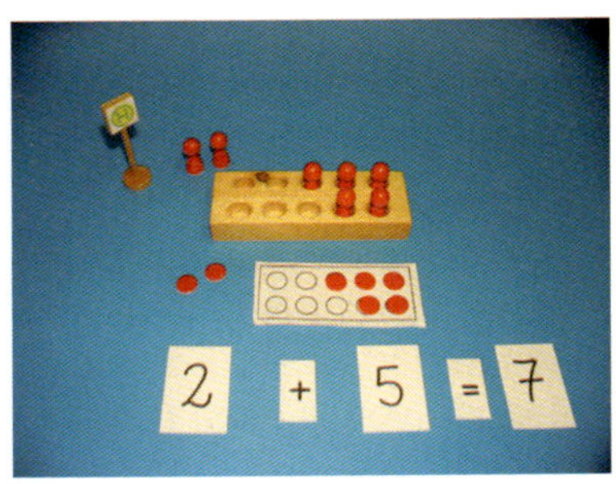

8.4 Budenberg-Lernprogramme

Meik Stoll

Budenberg Software Vertrieb

Dienheimer Pfad 61

61169 Friedberg

fax: 06031 69 20 185

vertrieb@budenberg.de

Budenberg-Lernprogramme werden bereits seit Jahren in Grundschulen und bei Schülern mit Beeinträchtigung im Bereich des Lernens eingesetzt. Sie eignen sich auch für die Förderung geistig beeinträchtigter Schüler. Die Aufgabenstruktur ist, einmal verstanden, von den Schülern weitgehend selbständig zu bewältigen und kann schrittweise erweitert sowie im Schwierigkeitsgrad erhöht werden. Als reizvoll wird von den Schülern die Möglichkeit eines Ergebnisprotokolls angesehen, das in gedruckter Form ihre Leistungen am Computer auch für Lehrkräfte und Eltern nachweist. Ein relativ sicheres Raum-Lage-Empfinden, eine gute visuelle Wahrnehmungsfähigkeit sowie eine gewisse Ausdauer sind bei der Bearbeitung der Aufgaben von Vorteil. Aufrufen und Verlassen der einzelnen Programme sind durch die Cursor-Tasten durchzuführen. Die Lehrkraft benötigt eine etwas längere Einarbeitungszeit und sollte für zwischenzeitlich auftretende Fragen in der Kleingruppe zur Verfügung stehen. Die Aufgabenstruktur ist bedingt stufenmäßig aufgebaut. Die Aufgaben sind rein virtuell gestaltet und sollten von der Lehrkraft entsprechend im Unterricht mit geeigneten Hilfsmitteln und anschaulichen Materialien handlungsorientiert eingeführt und begleitet werden.

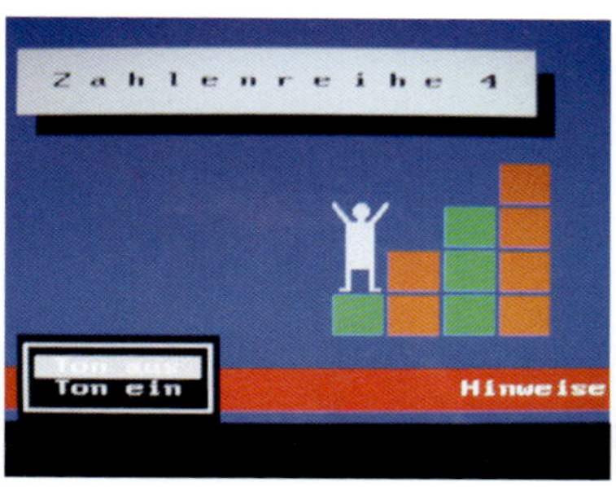

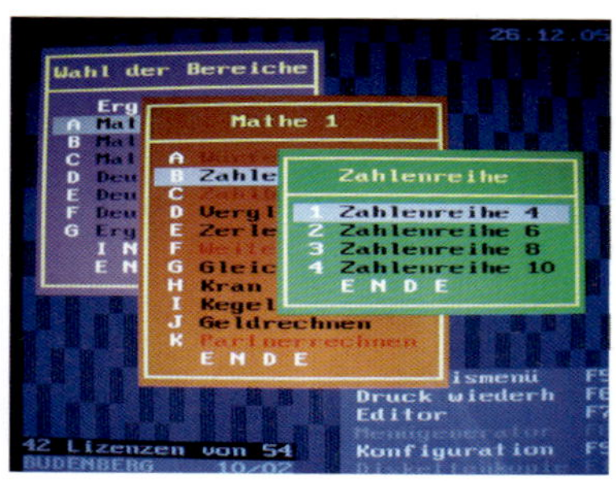

1. Bedienermenü budenberg-Programme (nicht mit Maus lenkbar)

2. Beispiel für „Weiterzählen“ im „Zahlenraum bis 4“ im budenberg-Programm

8.5 Übersicht budenberg-Lernprogramme

Schulprogramm Klasse 1

(Unterstufe Förderschule)

- Würfel
- Zahlenreihe
- Zahlbild
- Vergleichen
- Zerlegen
- Weiterzählen
- Gleichung
- Kranrechnen
- Kegelrechnen
- Verdoppeln
- Geldrechnen (Cent)
- Partnerrechnen
- Zehner bündeln
- Geometrie 1

Schulprogramm Klasse 2

(Mittelstufe Förderschule)

- Zahlenraum 20
- Zahlenstrahl 30-100
- Zehner-Einer
- Zahlenhaus 30-100
- Verdoppeln
- Zahlen raten
- Zehnerübergang
- 1 x 1 Einführung
- 1 x 1 Trainer
- Kranrechnen
- Kegelrechnen 1 x 1
- Geldrechnen (€ / Cent)
- Partnerrechnen
- Rechenmix
- Geometrie 2

Schulprogramm Klasse 3 / 4

(Mittel / Hauptstufe Förderschule)

- Zahlenstrahl 1000
- Hundert – Zehn – Ein
- Große Zahlen
- Geldscheine (Euro)
- Uhr
- Schriftliches Rechnen
- Dezimalzahlen
- Abrunden

Schulprogramm Klasse 5 / 6

(Hauptstufe Förderschule)

- Dezimalzahlen
- Bruchrechnen
- Abrunden

9. Weitere Fördermaterialien:

100-er Kette zur Veranschaulichung von Mengen bis 100 mit Dezimaleinteilung

Material: 90 einfarbige kleinere Perlen, 10 größere Perlen, langes Schnürsenkelband

Einsatzbereiche: Stellenwert, Ordinalaspekt, Kardinalaspekt, Mengenbildung; Vorbereitung auf Arbeit mit Zahlenstrahl

Strukturierung einer Menge

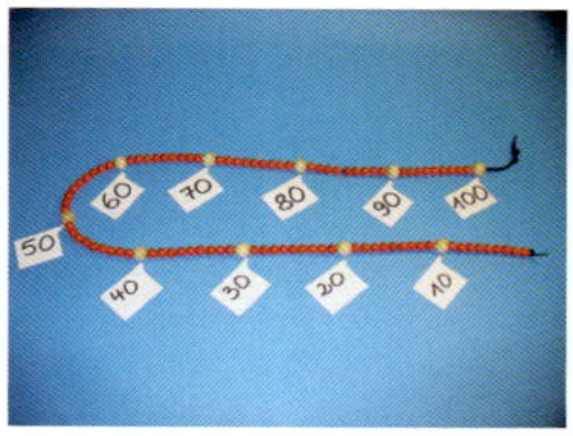

Markieren der Zehner

Zahl mit Menge

1000er Block, 100er Tafeln, 10er Stangen, 1er Würfel zur Veranschaulichung von größeren Mengen *es können sowohl Zahlen als Mengen als auch Mengen als Zahlen dargestellt werden*

Für die Veranschaulichung der Menge für die Zahl **563** benötigt man z.B.:

5 Hunderter - Platten

6 Zehner - Stangen

3 Einer - Würfel

Stellenwertkarten zur Verdeutlichung von Einern, Zehnern, Hundertern einer Zahl als symbolisch dargestellter Mengen *übt Zusammensetzung von Zahlen*

Einer **E,** Zehner **Z,** Hunderter **H**		
3Z, 6 E	ergibt	**36**
8H, 4Z, 7E	ergibt	**847**
6H, 5Z, 8E	ergibt	**658**

Zug mit Spielfiguren (betzold-Verlag) *für jüngere Schüler, konkrete Figuren*

Kutzer- Zug mit Arbeitskarten *für ältere Schüler, konkrete Pakete*

Zug mit vollen Waggons und teilweise gefülltem Waggon

Konkretes Material mit ikonischer Abbildung

Spiel-Plan zum übenden Vergleich von Mengen (mehr-weniger, gleich viel)

Material:

Spielplan mit 2 bis 4 Reihen mit jeweils 10 aufeinander gesetzten Feldern zum Hineinlegen der „Bausteine“ für den „Häuserbau“;
je 10 gleichfarbige Spielplättchen oder -steine zum Hineinsetzen;
ein markierter Blankowürfel mit „1“ und „2“ bzw. den entsprechenden Punktmengen von 1 und 2.

Fragen: *Mit welcher Farbe möchtest Du spielen? Mit welchem Würfel spielen wir?*

Wie viele Steine darfst Du setzen? Wer hat jetzt mehr / weniger / gleich viel wie Du?

10. Ideen für Rechenanlässe

Bilderfolgen, auf denen Handlungsfolgen zu erkennen sind, finden sich unter der Rubrik „Rechengeschichten“ in vielen Grundschulbüchern für den Bereich Mathematik (z.B. 3 Kinder sitzen in einer Sandkiste, 2 kommen hinzu; 3+2=5).

In Anlehnung an solche Bildimpulse lassen sich ohne großen Aufwand z.B. mit Hilfe von Fotos Rechengeschichten dieser Art auf Alter und Lernmöglichkeiten der eigenen Schüler entwerfen. Weitere Impulse bietet auch die von bf-software angebotene Fotoserie an.

Welche Geschichte kannst Du zu diesen Bildern erzählen?

Bsp.:

3 Fahrgäste warten auf den Zug nach .....
Im Zug sind schon 2 Fahrgäste;

wenn die 3 wartenden Fahrgäste zu den 2 dazu steigen,
dann sind es zusammen 5.

Es ist noch sehr früh am Morgen; einige Bewohner des kleinen Hauses sind schon aufgestanden und haben Licht in ihrem Zimmer.

Wie viele sind schon aufgestanden und wie viele schlafen noch?

Im Anhang finden sich Kopiervorlagen für verschieden große „Rechenhäuser“.

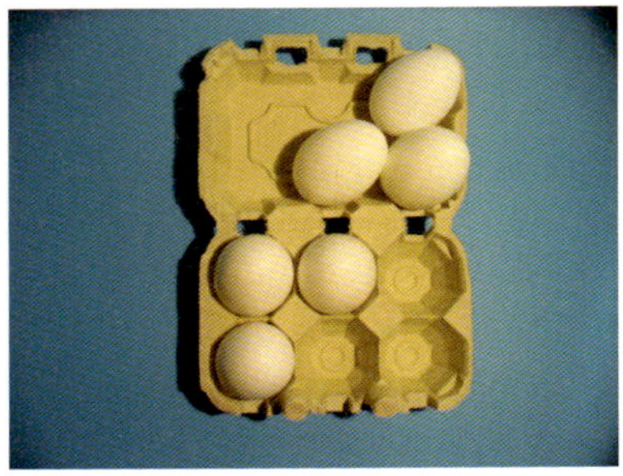

Sarah benötigt 3 Eier für den Kuchenteig; sie kauft 6 Eier und nimmt 3 Eier heraus.

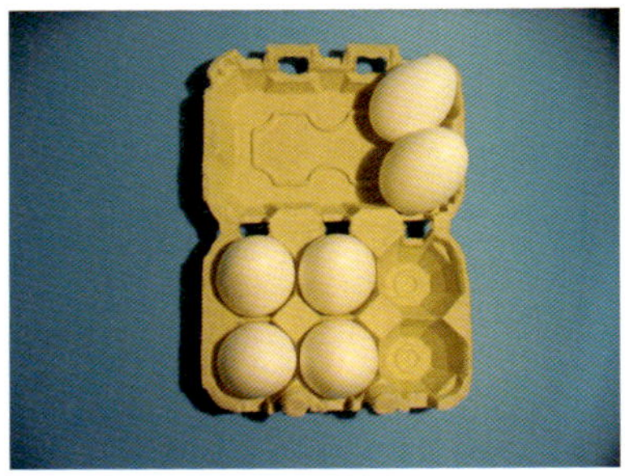

4 weiße Eier und 2 braune Eier ergeben zusammen ebenso 6 Eier wie 4 + 2 weiße.

In einem Bus sitzen 5 Fahrgäste / Kinder; 2 Fahrgäste wollen noch einsteigen...

Der Zug soll mit 3 vollen Waggons abfahren; 25 Pakete sind schon in den Anhängern, es fehlen noch...

Mit Hilfe der jeweiligen Materialien lassen sich die Handlungsabläufe durchspielen und auch spielerisch wieder rückgängig machen in Form von Umkehraufgaben.

Z. B. Zugaufgabe: **25 + 5 = 30** Umkehraufgabe: **30 – 5 = 25**

Alltagsbilder als Rechenanlässe (Multiplikation, bf-software)

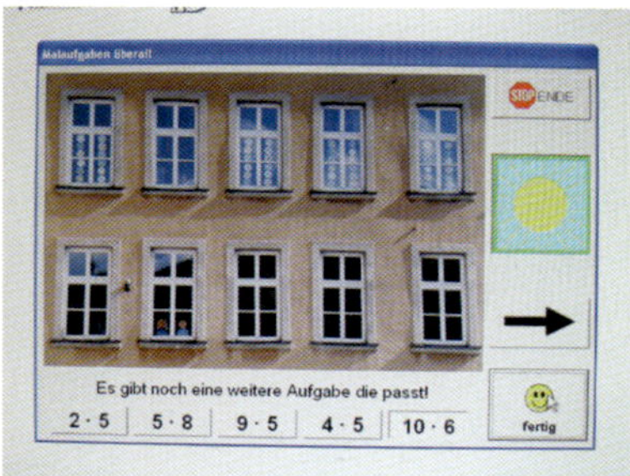

Wie viele Elemente hat ein Fenster?

3 • 2 = 6 (kleine Glaselemente)

Wie viele Glaselemente siehst Du auf dem Foto?

10 • 6 = 60 (Sonne = richtig)

Fenster und Türelemente sind zumeist strukturiert angeordnet und bieten sich an, verschiedene Malaufgaben dazu zu entwerfen. Ist das Augenmerk erst einmal auf solche Strukturen gerichtet, lassen sich täglich viele solcher Rechenanlässe finden.

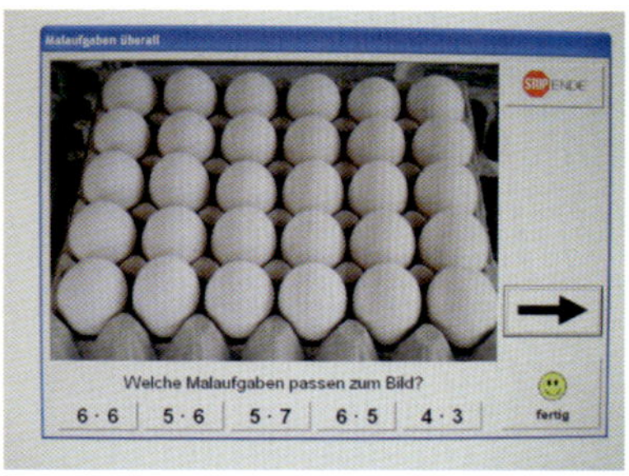

Im Alltag finden sich zahlreiche geordnete Aufbewahrungskästen und ähnliches, die ein schnelles erfassen der Mengeninhalte erlauben (z.B. viele Naschereien wie Pralinen und Kekse etc.).

5 • 6 oder 6 • 5 = 30 Eier pro Palette

Die Fotos als Aufgabenimpulse aus dem bf-software Programm bieten nicht nur zahlreiche Beispiele, sondern dienen auch der Hinführung zur Einsicht, warum es sinnvoll sein kann, das 1x1 zu erlernen. Im „multifix“ - Programm sind vielseitige Beispiele, die Anregungen zum Finden weiterer Ideen geben.

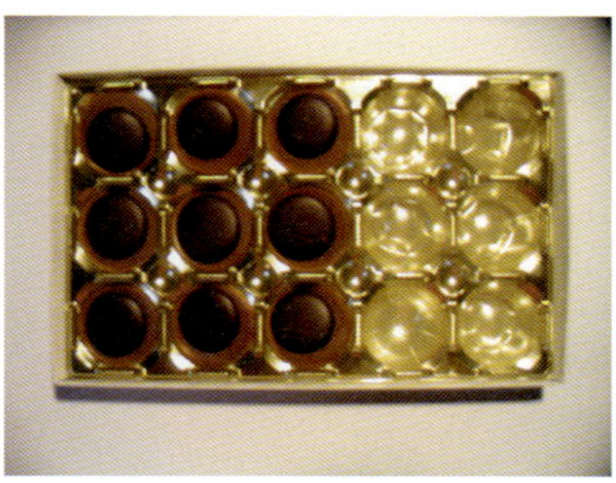

Diese Pralinenschachtel bietet gleich mehrere Rechenanlässe:

5 • 3 = 15 (Pralinen)

(3 • 3) + (2 • 3) = 15 (Pralinen)

15 – 6 = 9 (9 Pralinen sind übrig)

15 – 9 = 6 (6 Pralinen sind gegessen worden)

Weitere Übungen bf-software:

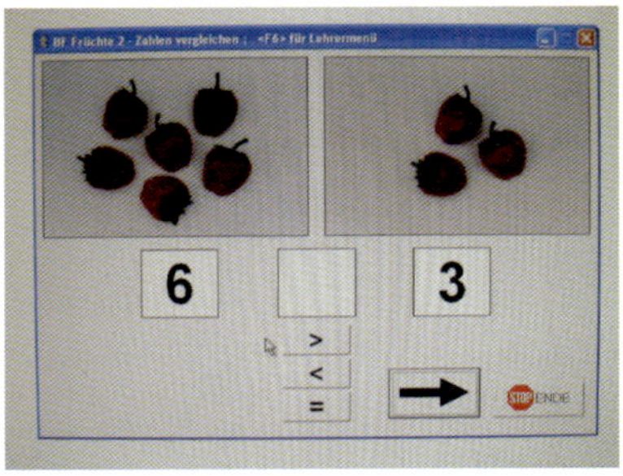

Erfassen und Vergleichen von Mengen

(Zunächst werden die Mengen nacheinander abgezählt, dann wird das passende Zeichen eingesetzt)

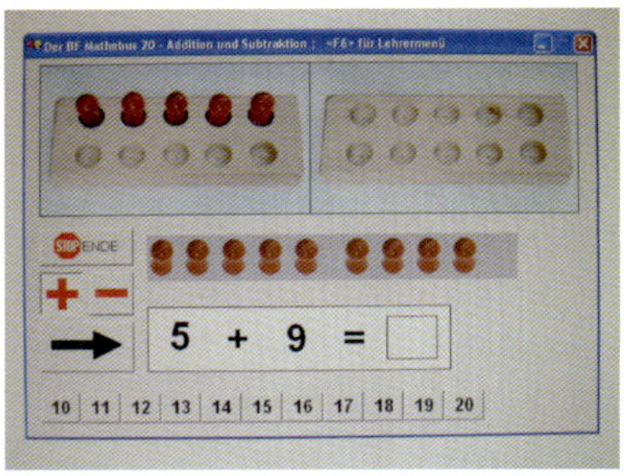

Abzählen, Ergänzen oder Vermindern von Mengen

(Hier kann zunächst zwischen Plus- und Minusaufgaben gewählt werden; dann sollen die vorgegebenen Figuren angeklickt und in den Bus gesetzt werden)

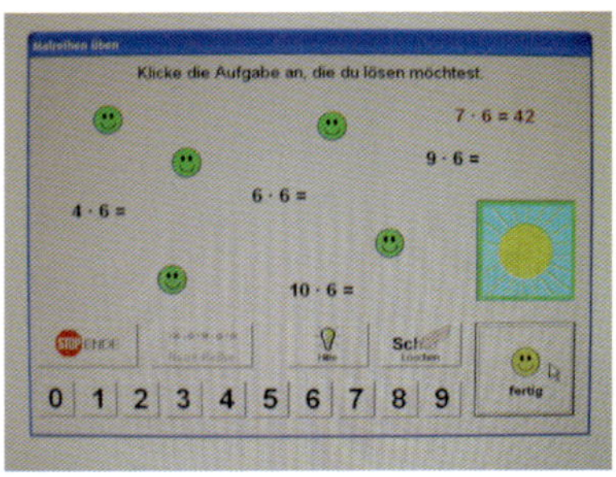

Üben erlernter 1x1-Reihen

(Die einzelnen Malaufgaben können nach freier Wahl gelöst werden; richtig gelöste Aufgaben werden durch ein grünes Smileyzeichen ersetzt)

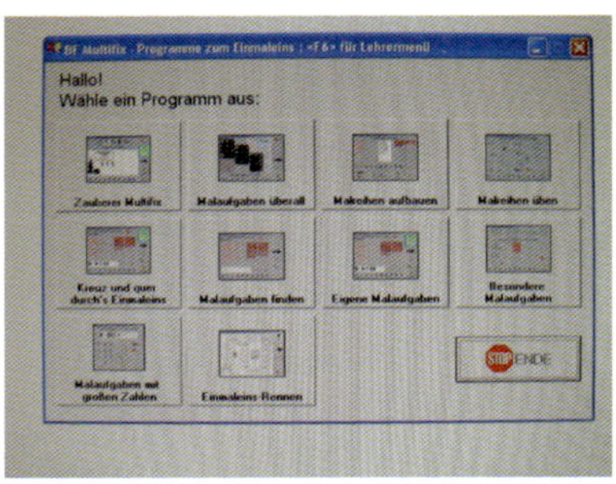

Verschiedene 1x1-Aufgaben, sortiert nach Aufgabentypen

(Malaufgaben in der Umwelt, Nachbaraufgaben, Tauschaufgaben, besondere Aufgaben u.s.w.)

11. Glossar

Abstraktion	Verinnerlichte Vorstellung eines Handlungsverlaufs, einer Sache oder eines Sachverhalts; einen **Begriff** von etwas haben, ohne an eine Anschauung gebunden zu sein (z.B. Vorstellung von „rot“ als Farbe, ohne nur einen konkreten Gegenstand, z.B. die Jacke der kleinen Schwester, vor Augen zu haben). In diesem Buch wird zwischen folgenden Abstraktionsstufen unterschieden, die wichtig für die Unterrichtsplanung und -gestaltung sind: Symbol (z.B. „2“ für eine Menge mit zwei x-beliebigen Dingen) Abbildung (z.B. zwei abgebildete Äpfel (z.B. Foto) als Menge „2“) Konkretes (z.B. zwei konkret vorhandene Äpfel als Menge „2“) Im Lernstrukturgitter als senkrecht Achse dargestellt.
Abstraktions-Niveaus	können auf Sachen oder Handlungsabläufe bezogen sein (s.o.); als untere Ebene kann der konkret handelnde Umgang mit einer Sache oder in einer Situation benannt werden; als mittlere Ebene können abgebildete Dinge, Situationen oder Handlungsabläufe (z.B. Bildergeschichten) genannt werden; als höchste Ebene ist die Vorstellung von Dingen, Situationen oder Sachverhalten zu nennen: Vorstellung einer Situation / Handlung (vor „innerem Auge“)
Anschauliches Denken	An Anschauungsmittel gebunden (z.B. benötigt ein Schüler im Unterricht noch konkrete Hilfsmittel wie Spielsteine o.ä., um eine Rechenaufgabe als Handlungsablauf nachvollziehen zu können).

Begriff	Ein Begriff bildet sich aus Erfahrungen mit der sächlichen und sozialen Umwelt; neben konkreten Dingen wie z.B. einem sichtbaren Merkmal kann ein Begriff auch nicht fassbare Dinge wie Freundschaft darstellen (z.B. Vorstellung von „rot“ als Farbe, ohne etwas Konkretes vor Augen zu haben).
Bewegungslied	Im engeren Sinne sind darunter Lieder zu verstehen, die mit entsprechenden Gesten / Körperbewegungen von den Schülern begleitet werden.
Bewegungsspiele	Methodische Möglichkeit, einen beliebigen Lerninhalt spielerisch und bewegungsorientiert in die Unterrichtsgestaltung einzubinden, z.B. „Musik-Stopp“; alle Schüler bewegen sich zur Musik frei im Raum; beim Musik-Stopp wird eine bestimmte Aufgabe gestellt, z. B.: „Stellt euch alle hintereinander auf!“, um den Begriff einer „Reihe“ konkret handelnd zu erfahren.
Diagnostik	Versuch einer Bestandsaufnahme von Lernständen mit Hilfe von diagnostischen Verfahren wie z.B. gezielter Beobachtung, freier oder standardisierter Testverfahren und dem Ziel, daraus eine geeignete Förderung für den Schüler ableiten zu können (führte zur so genannten „Förderdiagnostik“); die standardisierte Diagnostik ist ausgebildeten Psychologen und speziellen Lehrkräften / Sonderpädagogen vorbehalten; eine sinnvolle Diagnostik setzt voraus, dass der Beobachter eine Vorstellung über die jeweiligen Lernschrittfolge eines Gebietes besitzt, da er sonst seine Beobachtungen nicht einordnen kann.
Domino	Alte Spielidee, bei der mehrere Karten möglichst von verschiedenen Mitspielern nach unterschiedlich vorgegebenen Regeln zu einer langen Reihe aneinander gelegt werden; da die Spielidee einfach zu verstehen ist und die Inhalte vielseitig abzuwandeln sind, eignet es sich besonders für eine gezielte Förderung sowohl in der Einzelförderung als auch als gemeinsames Spiel zur Festigung von Lerninhalten.
Entwicklung	Die körperliche Entwicklung eines Menschen unterliegt weniger stark beeinflussbaren Reifungsprozessen (z.B.

Pubertät); seine geistige Entwicklung kann unter Zuhilfenahme geeigneter pädagogischer Maßnahmen unterstützt werden; zum Teil findet Entwicklung in bestimmten sichtbaren Abfolgen statt (z.B. strampeln, drehen, wiegen, krabbeln, laufen), aber es gibt auch unregelmäßige bzw. sprunghaft erscheinende Entwicklungsfolgen z.B. im Bereich des Denkens und der Sprache.

Handlung — Ist eine motivierte, zielgerichtete und möglichst geplante und kontrollierte Tätigkeit (z.B. ein Schüler baut mit Freude, bewusst und planvoll mit Legosteinen Mauern, um ein Haus zu erstellen und überprüft zwischenzeitlich den Erfolg seiner Arbeit im Vergleich mit einer Zielsetzung); im Gegensatz dazu stellt „Hantieren" eher einen ziellosen Umgang mit Material dar (der aber durchaus in einer zielgerichteten Handlung münden kann).

Objektpermanenz — Bewusstsein darüber, dass ein Gegenstand oder eine Person existiert, auch ohne dass er / sie konkret anwesend ist (wichtige Voraussetzung, um später überhaupt mit Zahlen als Symbolträgern für unveränderbare Mengen umgehen zu können); diese Kompetenz ist eine erste Abstraktionsleistung eines Kindes; es sucht z.B. aktiv nach einem weggerollten Ball, weil es weiß, dass dieser Ball existiert, auch wenn er gerade nicht sichtbar sein sollte, weil er hinter einen Sessel gerollt ist.

Pränumerischer Bereich — Den vorzahligen Bereich betreffend (Rechnen ohne Zahlen).

Rechengeschichten — Erlebte oder dargestellte Alltagssituationen beinhalten häufig Handlungsabläufe, die sich symbolisch als Rechenaufgaben darstellen lassen (z.B. Klara hat eine Pralinenschachtel gekauft. Von den 15 Pralinen hat sie in kurzer Zeit schon 3 gegessen. Es bleiben noch 12 übrig. Als Rechenaufgabe ließe sich dieser Handlungsablauf wie folgt darstellen: 15 – 3 = 12).

12. Bezugsquellen

ALS-Verlag
Postfach 1440
63114 Dietzenbach
info@als-verlag.de

Die Arbeitsmittelwerkstatt
Torsten Schmidt
Jahnstr. 36 a
25358 Horst/Holstein
www.schmidt-lehrmittel.de

Beenen-Verlag
Weseler Str. 22 A
46519 Alpen
www.beenen-lehrmittel.de

Arnulf Betzold Verlag
Wilhelm-Maybach-Str. 1-3
73479 Ellwangen
service@betzold.de

Lydia Kutzer Verlag
Milseburg Str. 10
36088 Hünfeld
www.kutzer-verlag.de

mitgrips
Georg Kuhlmann
Sögestr. 12
27793 Wildeshausen
www.mitgrips.de

Schubi-Lehrmittel
Georg-Westermann-Allee 66
38104 Braunschweig
service@schubi.de

Lernwerkstatt der
Pestalozzi Schule
Münsterplatz 15
73525 Schwäbisch Gmünd
www.pfoe.gd.schule-bw.de
(Materialien zu bf-software)

Software:

Sebastian Feigl
Am Schirenhof 32
73525 Schwäbisch Gmünd
fax: 07171 93 96 74
www.bfsoftware.de

Meik Stoll
Dienheimer Pfad 61
61169 Friedberg
fax: 06031 69 20 185
vertrieb@budenberg.de

Tests:

Testzentrale Göttingen
Robert-Bosch-Breite 25
37079 Göttingen
www.testzentrale.de

Notenbuchversand:

Marita Kubitzki
Schöne Aussicht 5
55595 Spabrücken
www.continuo.de

13. Förderkiste mit Material

Beispiele für Materialien und Bildkarten siehe „Anhang“

(geeignet für die Erfassung individueller Lernausgangslagen sowie für die direkte Förderung)

	Konkret	**Abbildung**	**Abstrakt**	**Materialhinweise**
1. Körperschema	Mit eigenem Körper Haltungen einnehmen Puppe, die man verstellen kann →Haltung nachahmen Mit Gestik und Mimik begleitete Lieder u.ä. Bsp.: Körperspruch	Fotos dieser Haltungen Abbildung von der Puppe → Bildkarten mit sehr genauem Bild Moosgummipuzzle zum Körperschema (wenige oder viele Teile)	Skizzen dieser Haltungen *Arbeitsblatt, z.B.:* - Ausmalen einer Figur - Ergänzen einer Figur - Augen, Nase etc. in einem Gesicht ergänzen	• Biegepüppchen • Bildkarten (Bsp. S. 118) • Moosgummipuzzle (Abb. S 118 unten links)
2. Gruppen und Untergruppen	Spielsachen nach Gebrauchswert sortieren (zum Spielen, zum Essen, zum Anziehen)	Fotos / Abbildungen von Spielsachen sortieren z.B. Spielkiste-Kleiderschrank (S. 161, 162)	Gezeichnete Karten sortieren Spielzeug / Kleidung *Arbeitsblatt, z.B.:* Kreise ein, was man essen / anziehen / malen / zum Spielen nehmen kann	• Tastsack mit verschiedenen Alltagsmaterialien zum Ordnen nach Gebrauschswert • Bildkarten (Kopiervorlage S. 161/162)
3. Merkmale von Gegenständen	Gegenstandsmengen mit markanten Merkmalen zur Unterscheidung z.B. Farbe, Form, Größe	Fotos von Gegenständen sortieren, die sich durch markante Merkmale unterscheiden	*Arbeitsblatt, z.B.:* Kreise ein, was rund / eckig / lang / klein / groß ist	• Markante Formen • Markante Gegenstände aus der Alltagswelt der Schüler

4. Gruppen und Untergruppen nach bearbeiteten Merkmalen bilden	Ausklappbare Matrize 1) Farbe 2) Form	Fotos oder Bildkarten nach vorgegebenen Merkmalen ordnen	*Arbeitsblatt, z.B.:* Einsetzen fehlender Formen in vorgegebene Reihe / Matrize (vgl. S. 45, 46, 128)	• Formen • Matrize
5. Raumbegriffe gewinnen	Gegenstand, auf / unter / neben / in etc. den man etwas legen kann, z.B.: Spielzeugbanane und Tisch	Photos von diesen Dingen mit verschiedenen Anordnungen (S. 129, obere Fotos)	*Arbeitsblatt, z.B.:* Bilddiktat (Bsp. Text S. 146 unten, Bild S. 165)	• Spielzeugtisch • Spielzeug • Fotos • Anleitung Bilddiktat
6. Reihen bilden	Spielzeuge / Figuren / Autos etc. Formenplättchen Dominosteine	Fotos / Abbildungen in Reihen legen und nach vorgegebenen oder eigenen Kriterien ordnen	*Arbeitsblatt, z.B.:* Reihen malen Reihen ergänzen Zahlenreihen legen	• Spielzeuge • Formen • Domino • Bildkarten
7. Gleichheit von Gegenstandsmengen erfassen	Spielzeuge / Würfel / Steine Puzzle mit Doppel	Bilder von Kisten oder Teller zum gleichmäßigen Verteilen verschiedenster Gegenstände	*Arbeitsblatt, z.B.:* Verteilen oder ergänzen vorgegebener Mengen von Dingen auf oder in Behältnisse	• Würfel, Holzsteine • Bildkarten
8. Stück-für-Stück-Zuordnung	Dinge, die sich gut ergänzen, z.B. je ein Spielauto mit einem Fahrer, jedes Dreieck auf ein Viereck (=Haus), Teller mit Spielsteinen (jeder Teller ein Stein)	Spielpuzzle mit zwei sich jeweils sinnvoll ergänzenden Karten z.B. Memory	*Arbeitsblatt, z.B.:* Male in jedes…. ein / zwei / mehrere Dinge	• Spielzeuge • Memory
9. Grundsatz der Mengenerhaltung (Invarianz)	Spielzeuge / Alltagsgegenstände Spielsteine etc.	Fotos der Gegenstände	*Arbeitsblatt, z.B.:* Verschieden angeordnete Mengen als gleichmächtig erkennen und	• Spielzeuge • Alltagsgegenstände

Weitere Gestaltungsbeispiele für Materialien der Förderkiste:

- Figur Junge (Körperschema-Puzzle zum Auflegen / Nachlegen / Ausschneiden aus Moosgummi; vgl. Abb. 3a, S. 118)
- Kopiervorlagen Bilder / Skizzen zum Körperschema (Haltungen S. 157-160)
- Kopiervorlage für Gruppen und Untergruppen (S. 159/160)
- Kopiervorlage für Zuordnung zu Gruppen nach erarbeiteten Merkmalen (S. 161-164)
- Kopiervorlage „Bilddiktat" zum Auflegen / Nachlegen / Ausschneiden aus Moosgummi (S. 165)

Weitere Materialien richten sich nach Alter und Interessenlage der jeweiligen Schüler;

Hinweise für Materialien sind der letzten Spalte der Übersicht zu entnehmen (als geeignet haben sich z.B. Muggelsteine, Duplo- oder Legosteine, Blankowürfel, Spielfiguren etc. erwiesen).

Materialien für die Förderkiste

Körperschema

Konkrete Ebene: selber deutliche Haltungen einnehmen, Vorbild darstellen

Abbildungsebene: Foto (Lehrkraft, später Schüler) Bild 1a bis 1d
Abbildung (Zeichnung, später Skizze) Bild 2a und b

Symbolische Ebene: Symbol (Wort, Begriff) z.B. „Arme hochstrecken“

Arbeitsblatt: *Lege die Teile auf das Bild / Lege die Teile zusammen* 3a
Lege / Male Augen, Nase, Mund, Ohren und Haare ein 3b

1a

1b

1c

1d

2a

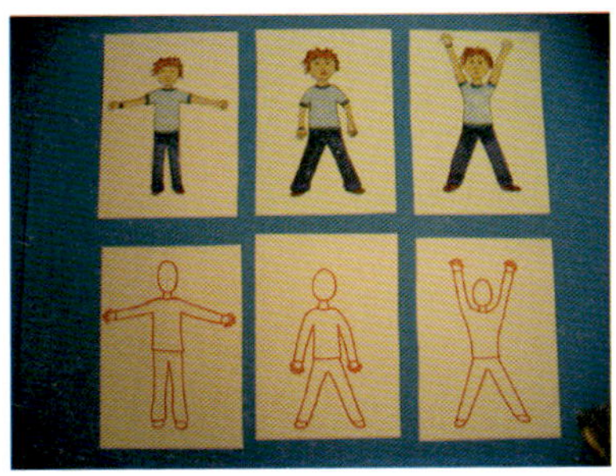

2b

3a

3b

Ziehe dem Kind Kleider an/Male dem Kind Kleider auf 4a und b

Eine schülerbezogene Umsetzung kann erfolgen, indem man als Vorlage die Körperumrisse der Schüler, bei Rollstuhlfahrern auch das Schattenbild, als Grundlage nimmt, welches dann mit Kleidung ausgelegt oder ausgemalt wird.

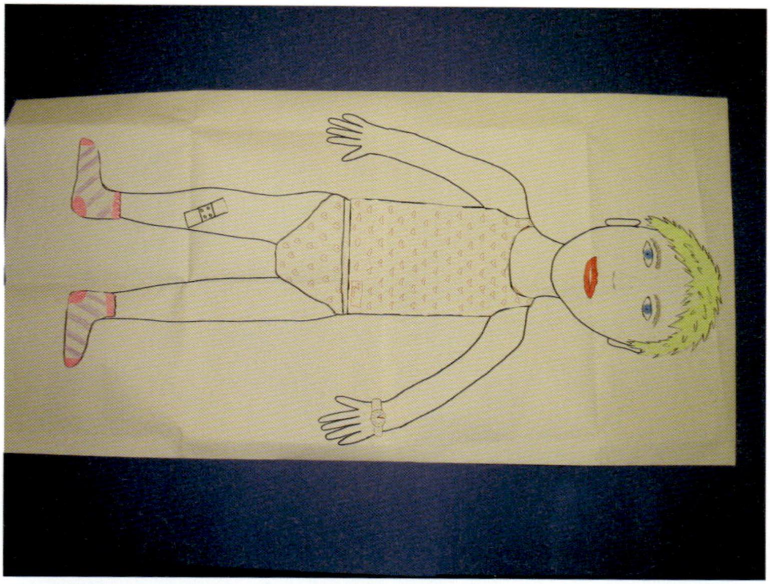

4a

4b

Kopiervorlagen

Schülerzeichnung und Schülerskizze für Körperhaltungen:

Stehende Haltungen:

Stehende Haltungen (abstraktere Darstellung):

Kopiervorlagen

Schülerzeichnung und Schülerskizze für Körperhaltungen:

Sitzende Haltungen:

Sitzende Haltungen (abstraktere Darstellung):

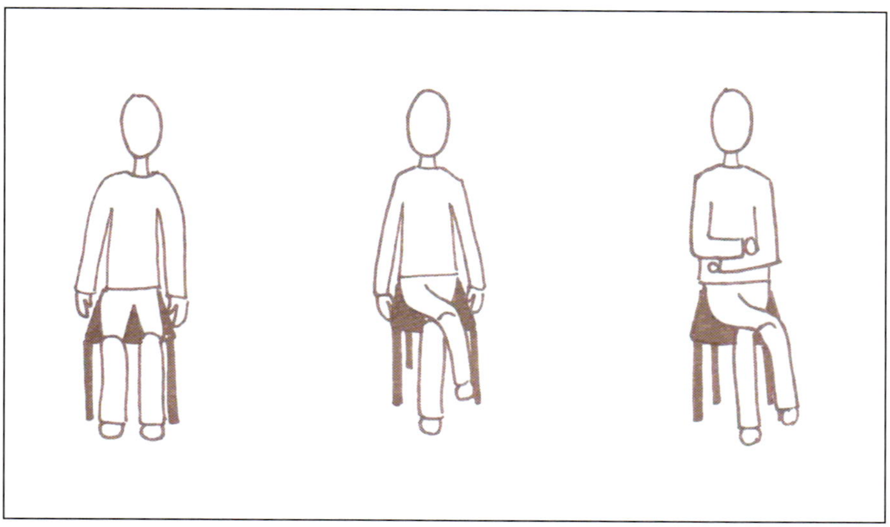

Übergang von Abbildung zur Skizze (Beispiele)

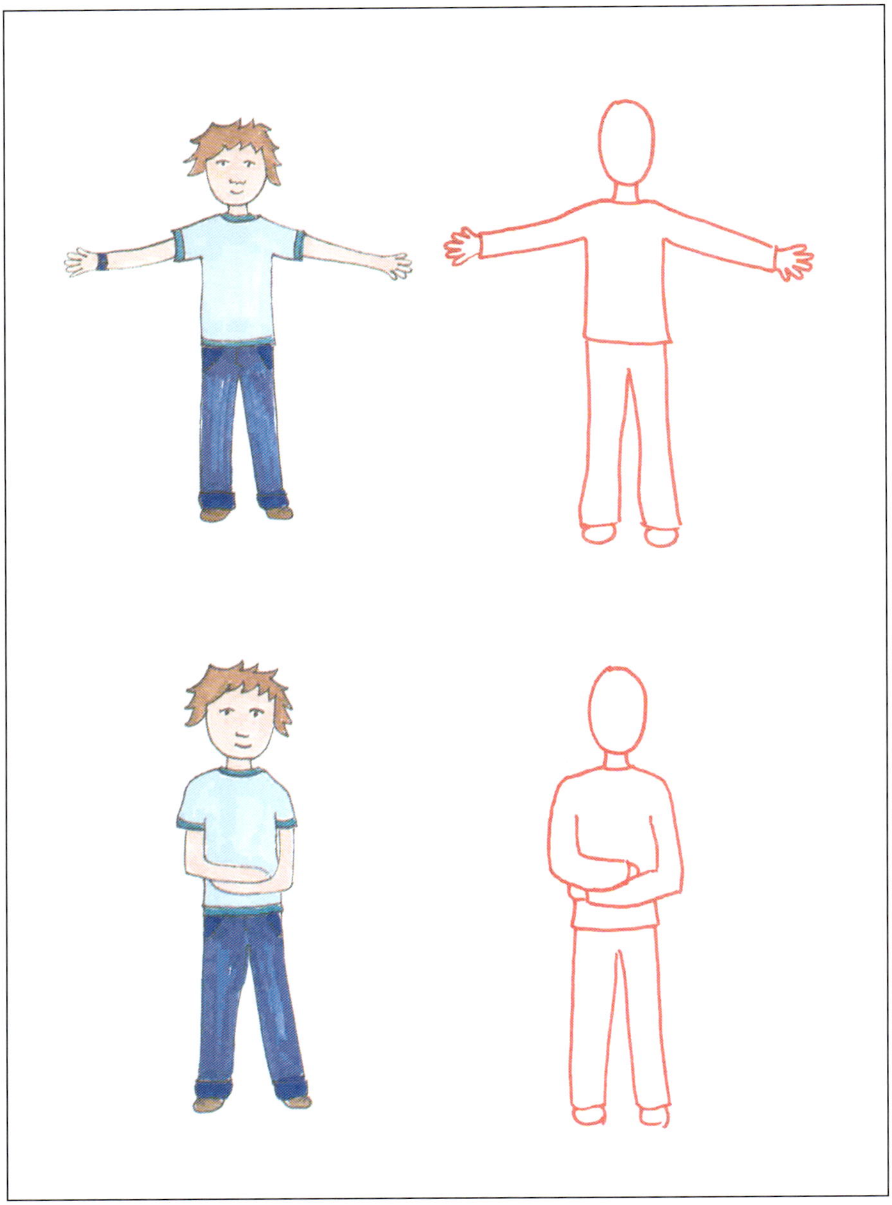

Welche Skizze gehört zum Jungen? Ordne richtig zu!

Ideen für Haltungen beim „Musik-Stopp"; Erst Fotos, dann Skizzen, dann Anweisung: paarweise, alleine, zu mehreren Personen

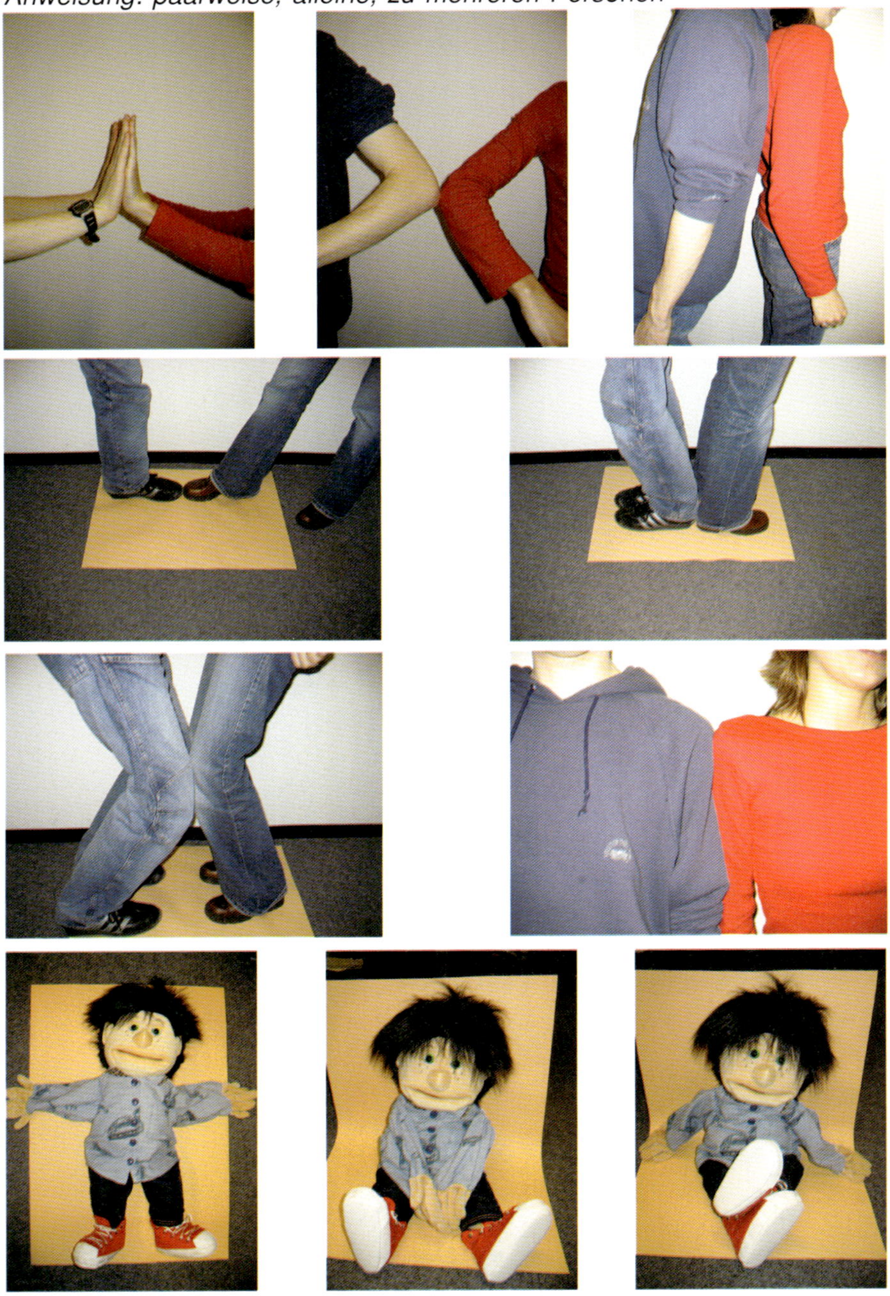

Gruppen und Untergruppen

Konkrete Ebene:	Ordnen von Dingen im Alltag (Spielecke / Geschirr etc.)
Abbildungsebene:	Ordnen von Fotos und Bildkarten zum jeweiligen Thema
Symbolische Ebene:	Arbeitsblatt (z.B. kreise alle Dreiecke / Schuhe etc. ein)

Beispiel: Ordne die Sachen richtig zu!

Was ist zum Spielen / was zum Anziehen?

Lege die Bildkarten in die Kiste / in den Schrank!

Merkmale von Gegenständen

Konkrete Ebene: Sortieren von Gegenständen nach vorgegebenen Merkmalen (z.B. nach Farbe, Größe, Form etc.)

Abbildungsebene: Sortieren von Fotos oder Bildkarten nach vorgegebenen Merkmalen (z.B. nach Farbe, Größe, Form etc.)

Symbolische Ebene: Arbeitsblatt (z.B. male alle Dreiecke rot, alle Kreise blau und alle Vierecke grün aus auf dem Bild!)

Es eignen sich alle Übungen, bei denen das Augenmerk auf die bewusste Erfassung und Verinnerlichung von wahrnehmbaren Merkmalen gerichtet ist. Dabei können Merkmale von Gegenständen oder Situationen und Handlungen über verschiedene Sinneskanäle aufgenommen werden (visuell, auditiv, taktil, olifaktorisch, kinästhetisch und natürlich auch emotional).

Beispiele: Visuell

Ich sehe was, was ihr auch seht.... (eine rote Jacke, einen langen Bleistift, ein ...)

KIM-Spiel: Was liegt auf dem Tisch? – eine Sache wegnehmen – Was fehlt jetzt?

Bildhälften oder -viertel zu einem Ganzen zusammenfügen:

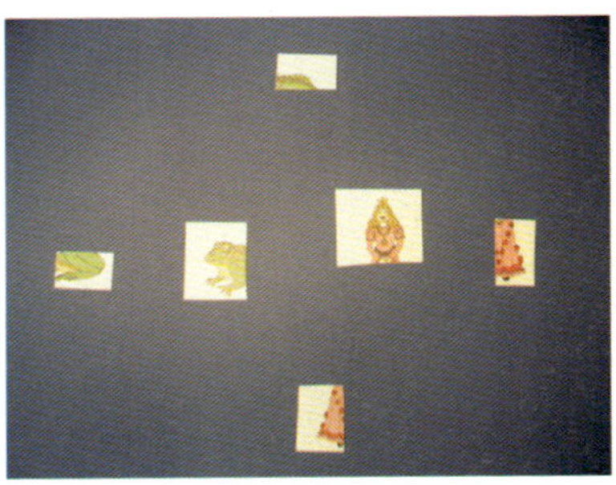

Auditiv

Geräuschekassette mit eindeutigen Tierstimmen, Alltagsgeräuschen, Stimmen von Kollegen / Mitschülern etc. hören und Fotos / Bildkarten zuordnen (ggf. selber mit den Schülern aufnehmen, das festigt den Eindruck zum jeweils prägnanten Geräusch).

Taktil

Ertasten von Gegenständen in einer Tastkiste oder einem Tastsack. Zunächst sollten bekannte Spielzeuge oder Alltagsgegenstände vor den Augen der Schüler versteckt werden, ggf. mit Fotos oder Bildkarten für die Schüler noch gegenwärtig (Gedächtnisstütze, ermöglicht zudem auch nichtsprechenden Schülern die Teilnahme).

Olfaktorisch-gustatorisch

Den Geruchs- und Geschmacksinn betreffende Dinge (Lebensmittel, Parfüme aus Duschgelen etc.) aus dem Alltag der Schüler darbieten und benennen bzw. mit Hilfe entsprechender Fotos/Abbildungen zeigen lassen.

Kinästhetisch

Hier bieten sich besonders Übungen aus dem psychomotorischen und bewegungsorientierten und sportlichen Bereich an. Für motorisch beeinträchtigte Schüler gehören auch die passiv erlebten Bewegungen (z.B. vorsichtig in einer Decke hin- und herbewegt werden) zum Erfahrungsbereich.

Emotional

Das bewusste Erleben von angenehmen und unangenehmen Empfindungen ist ebenso wichtig für die Persönlichkeitsentwicklung und hilft, angenehm empfundene Situationen und Handlungen einzufordern und unangenehme ablehnen zu können.

Hierzu finden sich in den gängigen pädagogischen Fachbüchern für die Unterrichts- und Förderpraxis zahlreiche geeignete Lieder und Anregungen für Rollenspiele u.a.m. Eine entsprechende Auflistung an dieser Stelle würde den Rahmen dieses Buches sprengen. Grundsätzlich erscheint zunächst die Hervorhebung eindeutig positiver oder negativer Gefühle am geeignetsten, um den Schülern einen klaren Zugang zur eigenen Erlebenswelt zu ermöglichen.

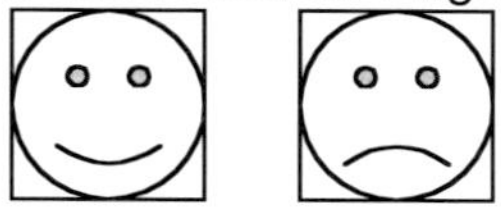

Gruppen und Untergruppen nach erarbeiteten Merkmalen bilden

Konkrete Ebene:	z.B. Aussuchen aller runden Teile aus Vielfalt von Formen und Einordnen in zugehöriges Fach
Abbildungsebene:	z.B. Aussuchen und zuordnen entsprechender Fotos oder Abbildungen (Bsp. Obststand)
Symbolische Ebene:	Arbeitsblatt mit Ordnungsaufgabe nach vorgegebenen Merkmalen

Sortieren von Formenplättchen nach vorgegebenen Merkmalen:

1. nach Formen (Angabe linke Spalte)

2. danach nach Farben (obere Zeile)

Durch solche schrittweisen Hinführungen können sich Schüler darin üben, auf mehrere Merkmale strukturiert nacheinander zu achten und diese bei einer vorgegebenen Vorgabe richtig zuzuordnen (z.B. stelle alle kleinen Tassen in das untere Regalfach, die großen Tassen ins obere Fach zum Frühstücksgeschirr usw.).
Das wieder Einordnen von Legosteinen in der Spielecke ist ebenso eine gute Übung.

Raumbegriffe gewinnen

Konkrete Ebene:	Sich nach Vorgaben bewusst im Raum bewegen, Dinge nach an einen bestimmten Ort legen/ sie dort wegnehmen
Abbildungsebene:	Fotos oder Abbildungen entsprechend zuordnen
Symbolische Ebene:	Bilddiktate (s.u.) legen oder malen

Beispiel Raum-Lage-Vorgaben ausführen:

Bilddiktat:

Einfach:
Für feimotorisch noch nicht so geübte Schüler die entsprechenden Bildelemente nach Vorlage auf Originalbild legen (z.B. aus Moosgummi ausgeschnitten).

Mittel:
Die entsprechenden Bildelemente nach Vorlage unter Originalbild legen.

Schwer:
Bildelemente nach „Bilddiktat“ aufmalen lassen: z.B. „Unten ist eine Wiese, oben am Himmel sind 2 Wolken zu sehen, auf der Mitte der Wiese steht ein Haus..“ usw.

Reihen bilden

Konkrete Ebene:	Beliebige Gegenstände hintereinander / nebeneinander aufreihen
Abbildungsebene:	z.B. Domino-Spiele
Symbolische Ebene:	Zahlenreihen bilden

Gleichmäßige Reihen:

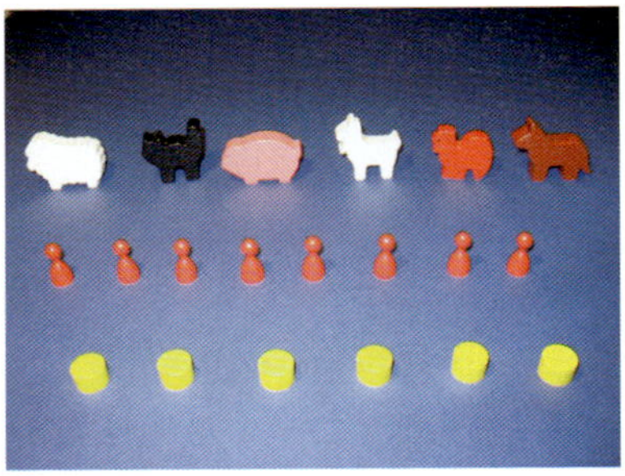

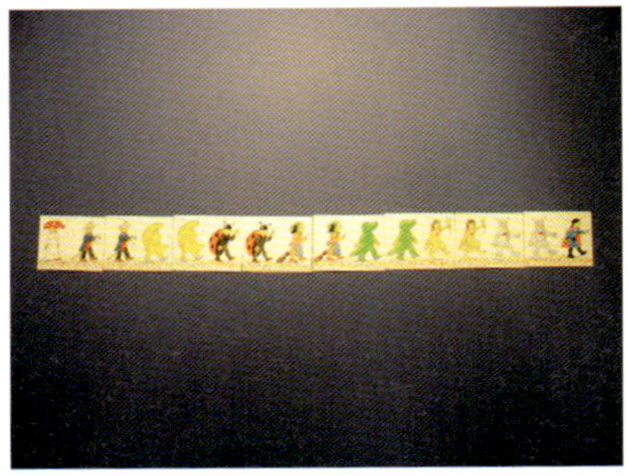

Aufsteigende Reihe:

Zahlenreihe:

Gleichheit von Gegenstandsmengen erfassen

Konkrete Ebene:	Mengen gleichmäßig „nach Augenmaß" aufteilen
Abbildungsebene:	Fotos / Abbildungen mit gleichen Mengenabbildungen zuordnen
Symbolische Ebene:	z.B. etwas nach Vorlage abzeichnen

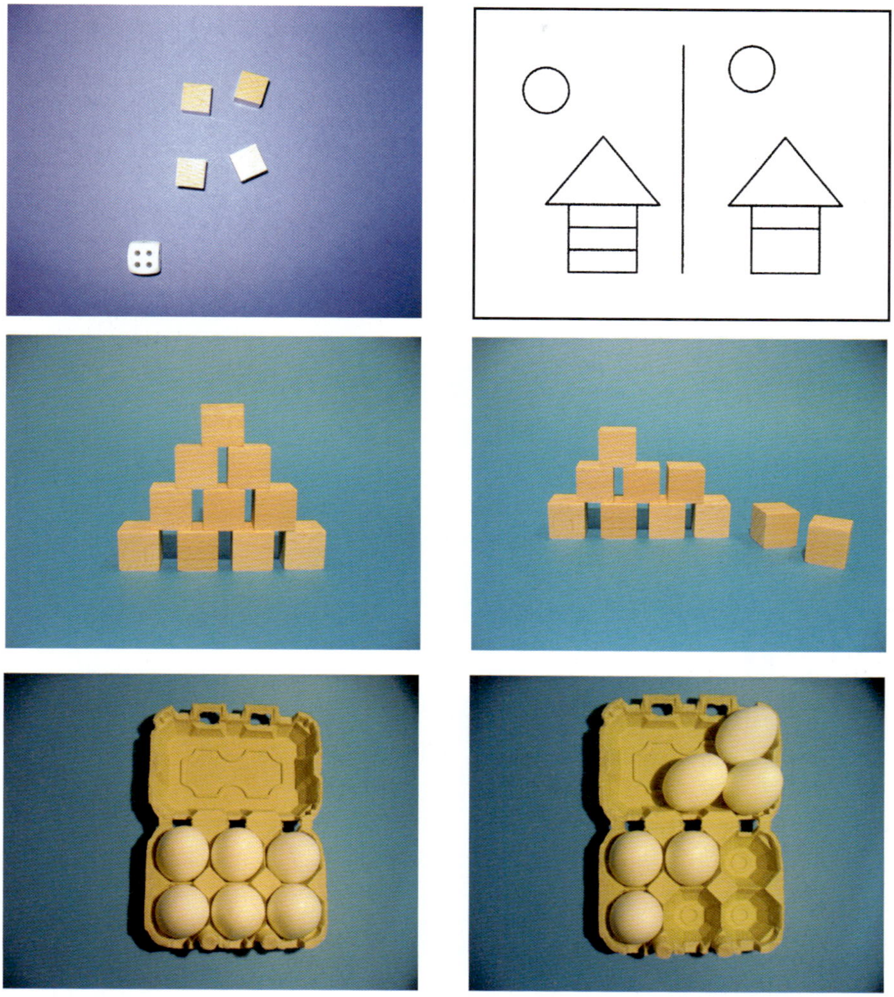

Ein Vergleich der Mengen wird durch eine ähnliche Anordnung der Dinge erleichtert. Nach dem optischen Vergleich entwickeln sich Strategien wie der 1:1-Vergleich.

Stück-für-Stück-Zuordnung

Konkrete Ebene:	Jedes Ding hat sein Gegenstück, z.B. *jeder* setzt sich auf seinen Platz, jedes Auto hat seinen Fahrer...
Abbildungsebene:	Hierzu zählen alle Formen von Memory-Spielen
Symbolische Ebene:	Male in jeden Kreis ein Gesicht, male auf jedes Dreieck ein Viereck, schreibe auf jedes Bild deinen Namen..

Jeder Käfer ein Blatt /
Jedes Auto einen Fahrer

Jeder Abbildung eine Skizze zuordnen

Jede Zahl zu einer bestimmten Menge

Grundsatz der Mengenerhaltung

Konkrete Ebene:	Die Anzahl der Kinder, Tische, Stühle bleibt gleich groß, egal, wie sie im Raum verteilt werden
Abbildungsebene:	Gleiches gilt für die abgebildeten Elemente auf einem Foto / Bild, seien es Menschen, Gegenstände etc.
Symbolische Ebene:	Die durch eine Zahl dargestellte Menge bleibt immer gleich groß

An dieser Stelle sei noch einmal auf die im Theorieteil ausführlich erläuterten und bildlich dargestellten Aspekte des Zahlbegriffs verwiesen, welcher mit Erreichen der Invarianz (Irrelevanz der Anordnung) in der Regel beim Schüler ausgebildet worden ist.

Zwei oder drei Reihen haben gleich viele Elemente, es scheinen gleich viele zu sein.

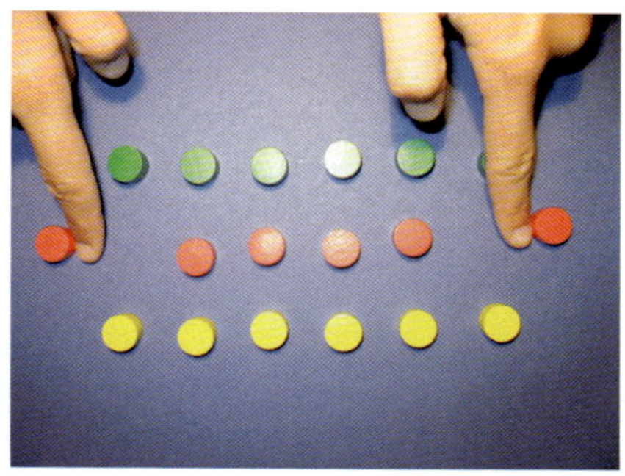

Zieht man nun eine dieser Reihen vor den Augen des Schülers auseinander, meint er vor Erreichen der Invarianz, in dieser Reihe seinen nun mehr Teile.

Merke:
Erst wenn ein Schüler diese Einsicht gewonnen hat, versucht er geeignete Strategien, die Gleichheit von Mengen für sich angemessen vergleichen zu können und gelangt hierbei vom anschaulichen Vergleich zur 1:1-Zuordnung.

14. Anhang

14.1 Lotto Gestaltungsbeispiele mit Differenzierungshinweisen

14.2 Domino
Uhrzeit-Domino
Zahlenreihe-Domino
Menge-Zahl-Domino
Formen-Domino

} Gestaltungsbeispiele

14.3 Rate-Tüte

14.4 Türchen-Spiel

14.5 Bildhälften und -viertel

14.6 KIM-Spiel

14.7 Zahlen für Reihen und Hälften ergänzen

14.8 Volle Stunden Karten

14.9 Spielereien mit Reihen und Mustern

14.10 Gestaltungsbeispiel Formen

14.11 Gestaltungsbeispiel Bilddiktat

14.12 Plusaufgaben mit den „Rechenhäusern“

14.13 Gestaltungsbeispiele „Geld“ und „Uhrzeit“

Geldwerte legen; Geldbeträge zählen und legen

Gestaltungsbeispiele Uhrzeit (Uhrenstempel analog / digital)

14.14 Beispiel Rechenanlass Minusaufgabe

14.15 Ergänzende Bildvorlagen zur Förderkiste

14.1 Gestaltungsbeispiele mit Differenzierungshinweisen

Lotto (1:1-Zuordnung, Raum-Lage-Beziehungen der Karten zueinander)

2 x kopieren, 1. Vorlage, 2. ausgeschnittene Karten zum Auflegen

Beispiel: Thema Körperschema

Beispiel Piktogramme: einfache räumliche Zuordnung der Karten („Mitte", „neben")

Zweifache räumliche Zuordnung der Karten: „oben links", „unten Mitte" usw.
Stufung der Beispiele: 1. Fotos, **2.** Symbole/Piktogramme

Grundsätzliches zur Materialauswahl und Gestaltung:

LOTTO

- Schüler- und themenbezogene Inhalte wählen, Altersinteressen berücksichtigen !
- Abstraktionsebenen beachten: **Fotos – Abbildungen – Symbole**
- Umfang der Aufgabenstellung anpassen: **erst** 2, dann 3, 4, 5, 6, 9, 16, 25 Felder

Kopiervorlage **Blanko – LOTTO:**

2er-LOTTO

3er-LOTTO

4er-LOTTO

6er-LOTTO

9er-LOTTO

Anmerkungen:

Da käufliche LOTTO – Spiele in der Regel über mindestens 9 Felder verfügen, sind einige Schüler aufgrund des Umfangs und der durch die Bilder hervorgerufene Reizüberflutung nicht in der Lage, diese zu nutzen.
Hier bietet die schrittweise Annäherung über wenige geordnete zu vielen Feldern eine gute Hinführung.

14.2 DOMINO

- Themenbezogene Inhalte wählen
- Abstraktionsebenen beachten: Fotos – Abbildungen – Symbole
  - Umfang der Aufgabenstellung anpassen
  - Lernausgangslagen und Lernmöglichkeiten der Schüler berücksichtigen

Grundsätzlich gilt : **erst gleiches** aneinander legen, **dann Kombinationen**;

Gleiches

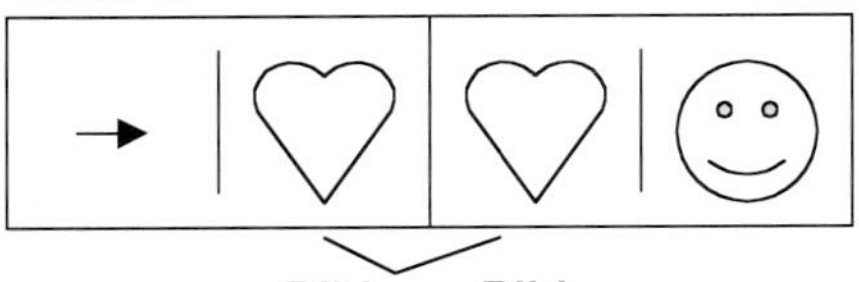

Bild an Bild

Kombination

Bild an Zahl

eine Stufung der Schwierigkeitsgrade könnte wie folgt aussehen:
- gleiche Farbfelder
- gleiche Gegenstandsabbildungen (konkret)
- gleiche Gegenstandsabbildungen (Zeichnung)
- gleiche Piktogramme (Symbole)
- gleiche Formen
- gleiche Größen
- gleiche Mengen (geordnet, strukturiert z.B. Würfelbilder)
- gleiche Zahlen
- gleiche Mengen (Striche – Würfelbilder)
- Menge – Zahl (Würfelbilder – Zahl)
- Menge – Zahl (ungeordnete Menge von Elementen – Zahl)

Weitere Themenbereiche: (Zeit und Geld; abstrakt und schwierig!)
- gleiche Tageszeiten (z.B. Bilder aus ÜfGB Heft „Uhr im Tagesablauf")
- Zeitangabe – Uhr (analog)
- gleiche Geldstücke und Scheine
- Preisangabe – Geldmenge

Schwierigere Bereiche: (Rechenoperationen)
- Plusaufgabe – Ergebnis
- Minusaufgabe – Ergebnis
- Malaufgaben – Ergebnis
- Teilaufgaben – Menge

Doppelt herstellen, dann sind die Materialien auch für die Freie Arbeit nutzbar!

Kopiervorlagen (vergrößern, auf Karton kleben oder laminieren und ✂)

Beispiel: **Domino – Spiel** , gleiche Abbildungen **Zeitangabe – Uhr** (analog, zum selbständigen Ergänzen d. d. Schüler)

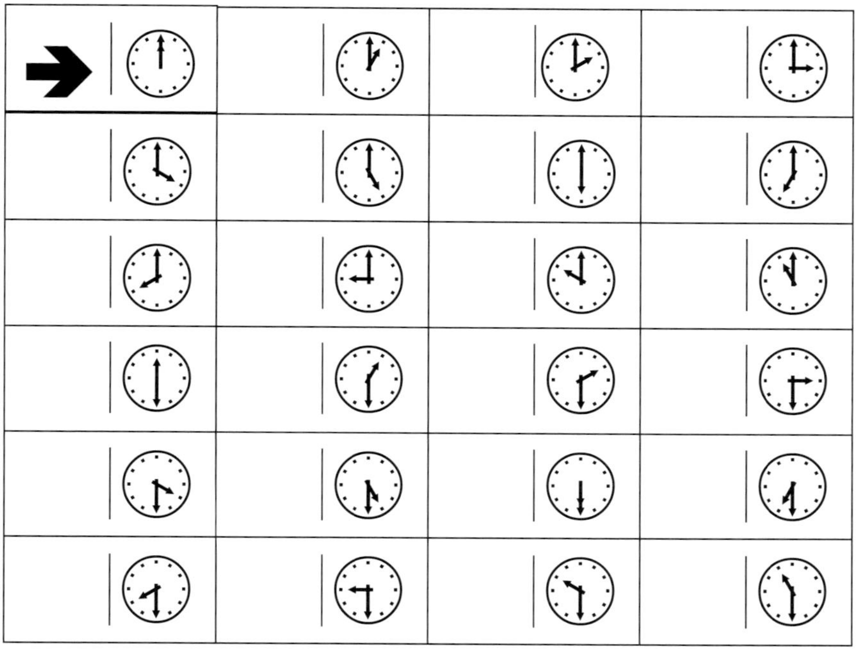

Beispiel: **Domino – Spiel**, gleiche Abbildungen

➔	1	1	2	2	3	3	4
4	5	5	6	6	7	7	8
8	9	9	10	10	11	11	12
12	13	13	14	14	15	15	16
16	17	17	18	18	19	19	20

Beispiel: **Domino – Spiel**, Menge _ Zahl

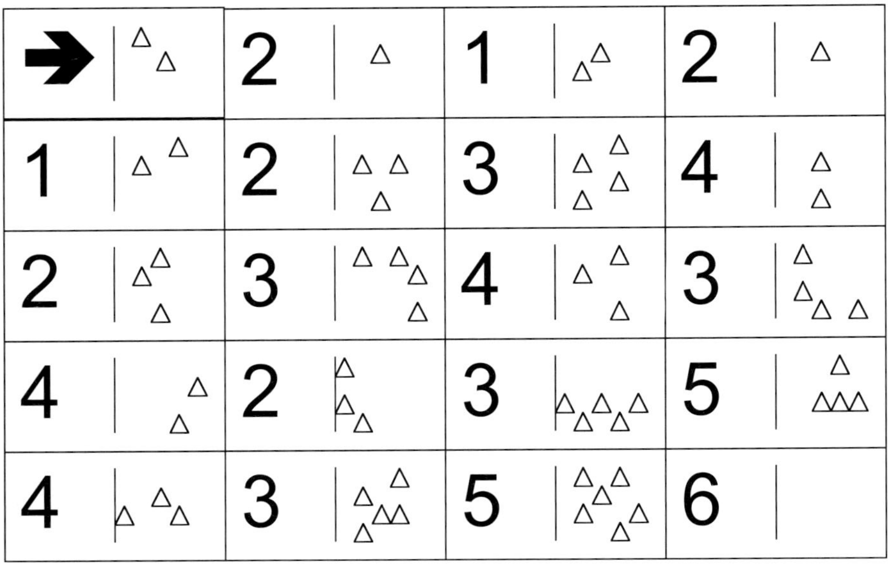

Beispiel: **Domino – Spiel**, gleiche Formen

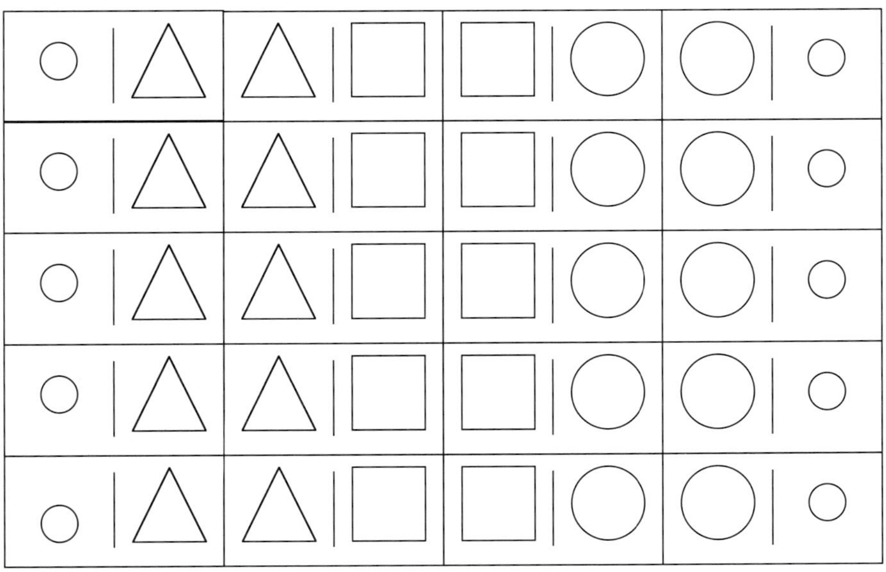

14.3 Ratetüte

Dieses Material ist einfach herzustellen und vielseitig einsetzbar. Wichtig ist, dass zum einen die Abbildungen schon als Ganzes bekannt sind (z.B. aus vorangegangenen Stunden oder Unterrichtsgängen) und zum anderen, jeweils stufenweise mehr und mehr vom Bild zu zeigen. Hierbei kann die Lehrkraft bei der Auswahl der Inhalte gut auf die unterschiedlichen Leistungsmöglichkeiten der Schüler eingehen. Diese Übung, die ein wenig an die frühere Erfolgssendung „Montagsmaler" erinnert, ist als sogenanntes Warming-up (Einstimmungsübung) bei den Schülern sehr beliebt.

14.4 Türchen-Spiel

Dieses auch unter dem Namen „Dalli-Klick" aus dem Fernsehen bekannte Spiel erfreut sich in allen Altersstufen großer Beliebtheit und ist mit etwas Aufwand auch gut aus dickerer Pappe selbst herzustellen. Neben der vielseitigen Auswahl unterrichtsbezogener Inhalte lässt sich auch der Schwierigkeitsgrad leicht an die Leistungsmöglichkeiten der Schüler anpassen. So ist die Reduzierung der „Türchen"-Anzahl an den obigen Abbildungen gut nachzuvollziehen. Die gewählten Abbildungen oder Fotos sollten möglichst eindeutig und den Schülern bekannt sein. Reizvoll sind auch fotokopierte Fotos von den jeweiligen Schülern, z.B. im Rahmen eines Projektes „Das bin ich". Selbst bei schwächeren Schülern haben sich mindestens 4 Türchen als geeignet herausgestellt, da dies die Spannung und den Spielwert erhöht.

Freinet-Kooperative: 15 Teile

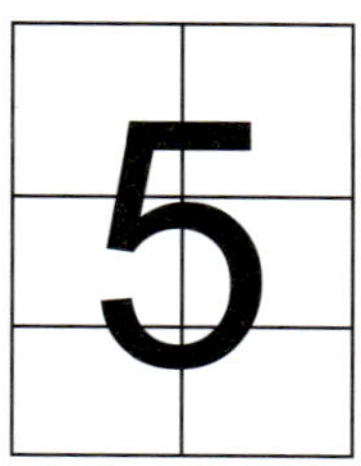

6 Teile

2 Teile

14.5 Bildhälften ergänzen

(Erweiterung mit 4 oder 6 Teilen möglich)

Zahlenhälften

Bilderviertel

6er-Puzzle ergänzen

14.6 KIM – Spiel

(visuelles Gedächtnistraining; Raum-Lage-Beziehungen)

Grundidee:

Es werden z.B. 6 Gegenstände (Alltags- oder Schulmaterial) geordnet in die Mitte des Tisches gelegt. Die Lehrkraft geht gemeinsam mit den Schülern die einzelnen Gegenstände durch und benennt sie. Nun legt ein Kind den Kopf auf den Tisch, um nichts sehen zu können und die Lehrkraft legt vorsichtig ein Teil weg (oder mehr). Nun darf der jeweilige Schüler benennen (oder mit Hilfe entsprechender Bildkarten zeigen), welcher Gegenstand fehlt. Dieses Spiel dient der Konzentrationsförderung, der visuellen Wahrnehmungsfähigkeit, dem Gedächtnis und festigt Raum-Lage-Beziehungen, da man sich den Ort für jedes Teil möglichst strukturiert merken muss (siehe auch S. 126, obere Fotos).

Die Spielidee ist sowohl vom Umfang der Aufgabenstellung wie auch von der Anzahl und Auswahl der Gegenstände variabel und somit vielseitig einsetzbar. Mit Formen sähen verschiedene Anordnungen (2, 3, 4, 6 Formen) z.B. so aus:

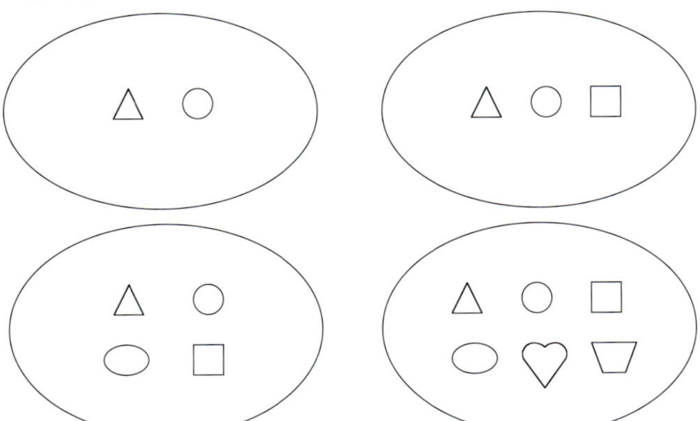

14.7 Bildhälften Zahlen:

(2 x kopieren, einmal für Zahlenreihe legen mit ganzen Zahlen, einmal mit Hälften)

1	2	3	4	5	6
7	8	9	10	11	
12	13	14	15		

14.8 Uhrzeiten:

(z.B. für eigene Arbeitsblätter, LOTTO, DOMINO etc.)

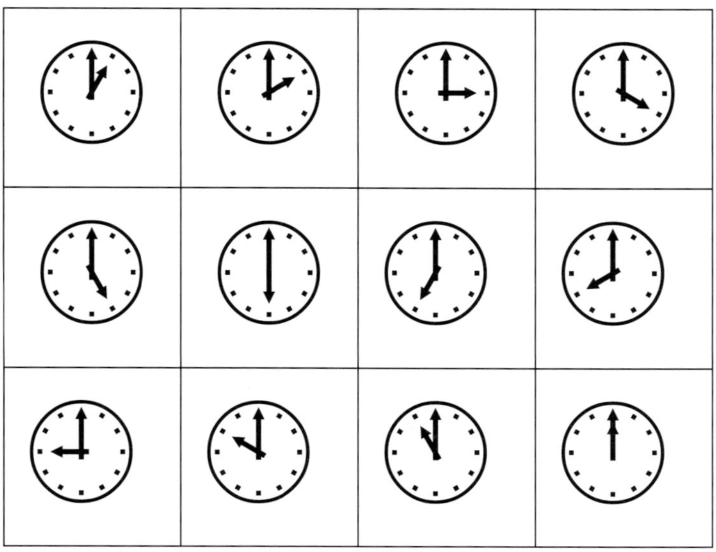

14.9 „Spielereien mit Reihen und Mustern“ (Musterfolgen, Seriationen)

1. Lege eine Reihe aus beliebigen Gegenständen (z.B. „Warteschlangen“)

2. Lege folgende Reihen: (erst auflegen, dann darunter, dann frei auf Tisch)

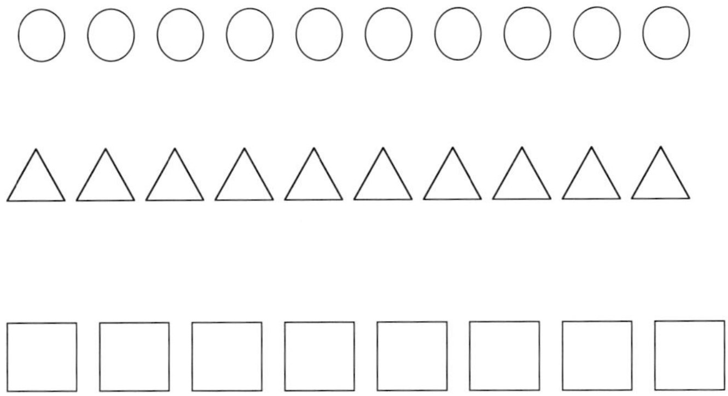

3. Wir gestalten Muster (auflegen, nachlegen und selber entwerfen)

Übungshinweis: Jeder darf reihum seinem Sitznachbarn ein Muster vorlegen.

14.10 Gestaltungsbeispiel **Formen:**
(gering bis höhere Anforderung)

(Dreieck)
Eine von zwei Formen finden

(Kleines Dreieck)
Form und Größe beachten

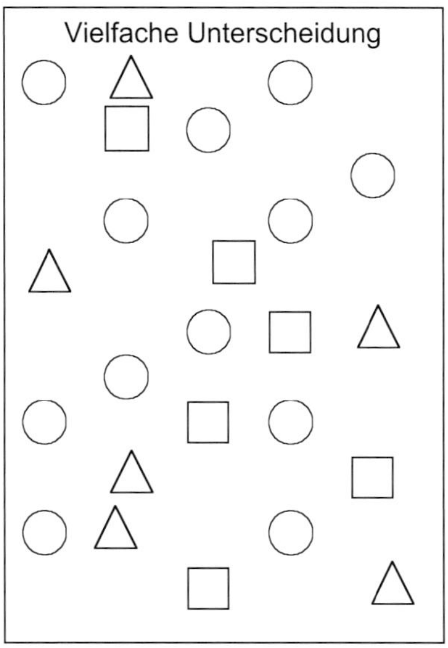

(z.B. kleines rotes Dreieck aus farbigen Formen heraussuchen)

(selber Formen erst auflegen und dann, sofern möglich, aufmalen)

14.11 Gestaltungsbeispiel **Bilddiktat:** (Ablauf und innere Differenzierung)

Hören

Legen

Vergleichen

Zu der folgenden Kopiervorlage gehört eine **Erzählgeschichte**, zu der die Schüler ein passendes Bild malen (oder auflegen, nachlegen) sollen:

Lehrertext: (Raum-Lage-Beziehungen)
Ich möchte euch heute eine Geschichte erzählen, zu der ihr ein Bild malen sollt. Wer erst üben möchte, kann die ausgeschnittenen Teile auch auf das Blatt oder das fertige Bild legen. Seid ihr fertig? Dann fange ich jetzt an zu erzählen. Ich mache nach jedem Satz eine Pause, damit ihr Zeit zum Aufmalen oder Auflegen habt:
Unten auf dem Blatt ist eine große Wiese. –
Oben am Himmel sind zwei Wolken zu sehen. –
Die Sonne scheint. –
In der **Mitte** der Wiese steht ein Haus. –
Das Haus hat eine Tür und ein Fenster. –
Links neben dem Haus steht ein Baum. –
Oben im Baum sehen wir drei Äpfel. –
Am Baum lehnt eine Leiter. –
Rechts neben dem Haus steht ein Auto. –
Am Himmel fliegen zwei Vögel.

Dies ist der Text zur Kopiervorlage (auf S. 165). Natürlich lässt sich diese Geschichte sowohl einfacher gestalten als auch umfassender. Schüler, die über keine ausreichende Feinmotorik zum Malen verfügen, können auch (bereits vorgefertigte) Teile z.B. aus Moosgummi auflegen. Denkbar sind viele Varianten, es sollte nur auf Umsetzbarkeit hinsichtlich der feinmotorischen Fähigkeiten geachtet werden und auf wesentliche Raum-Lage-Bezeichnungen.

14.12 Plusaufgaben mit dem Rechenhaus:

Zahlenraum bis 3:

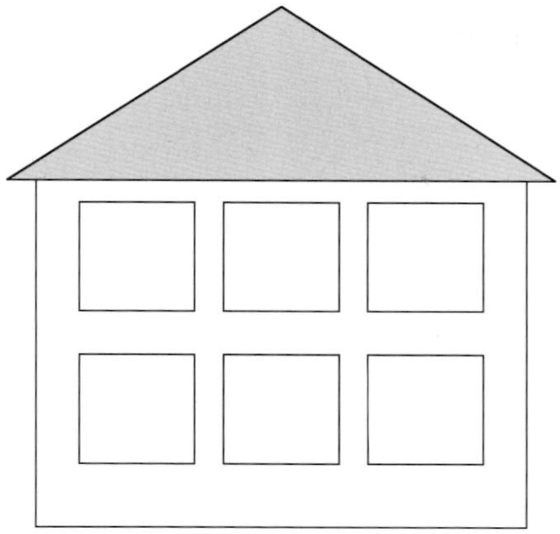

Mit Hilfe dieses Hauses können Aufgaben im Zahlenraum bis 3 gestaltet werden. **Material für konkrete Handlungen je:** Aus rotem Tonkarton Haus, aus blauem Dach und aus **gelben** und **schwarzen** Tonkarton oder Moosgummi (griffiger zum Legen) entsprechend große und viele Fenster.

Zahlenraum bis 5:

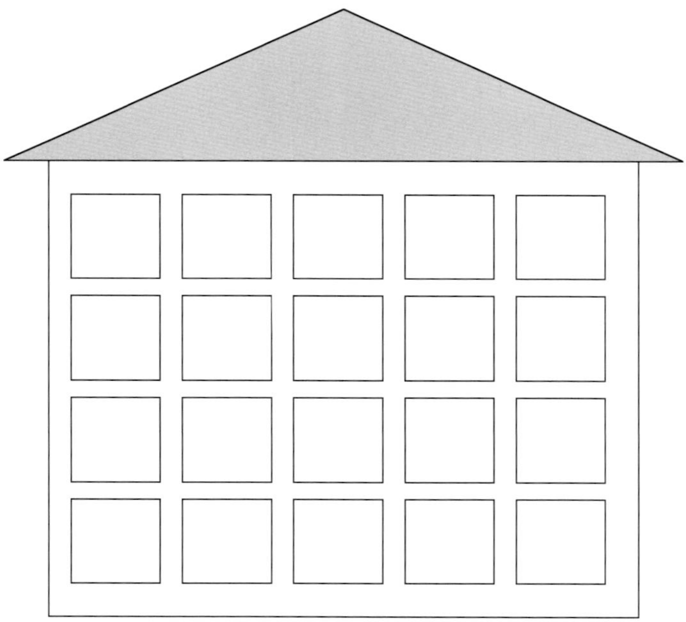

Zahlenraum bis 10:

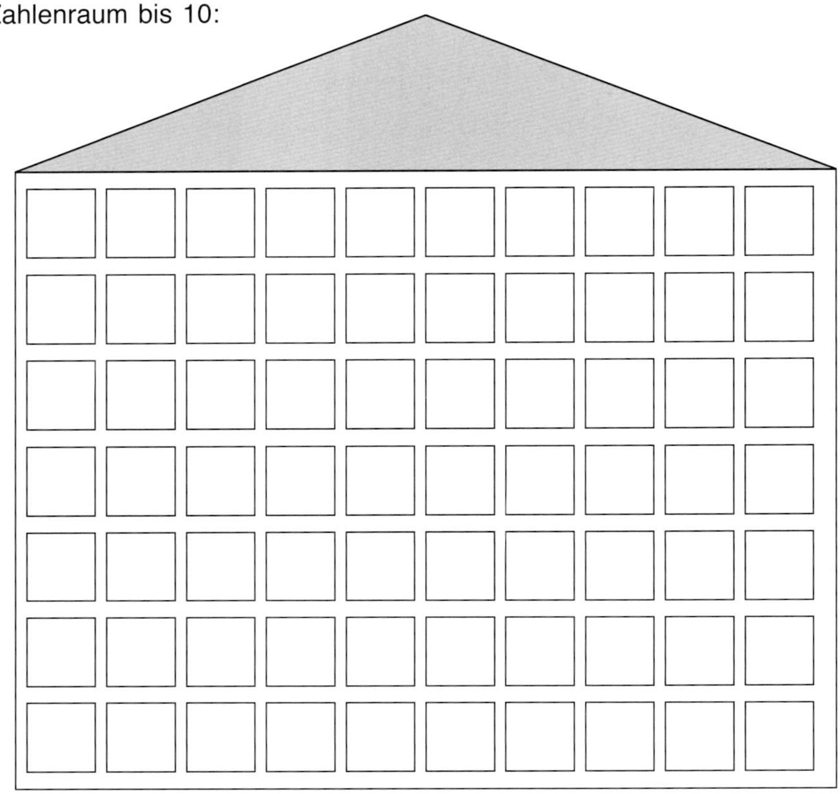

Wichtig sind die Fenster in einer Etage.

1.: In diesem Haus wohnt hinter jedem Fenster eine Person / Kind o.ä.;

2.: Wie viele Leute wohnen dann in diesem Haus?

3.: Wenn sie schlafen, ist es dunkel in ihren Zimmern, das sehen wir daran, dass es ein schwarzes Fenster ist (z.B. Rollo heruntergelassen).

4.: Wenn sie aufstehen, machen sie zunächst einmal das Rollo hoch und Licht an; das sehen wir am hellen gelben Fenster.

5.: Wie viele Leute sind schon aufgestanden (Licht), und wie viele schlafen noch (dunkles Fenster)?

Beispiel: 2 sind aufgestanden und 1 schläft noch!

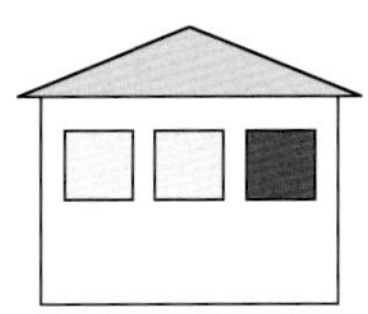

14.13 Arbeitsblattvorlage Legen und Vergleichen „Geld“

Hier findest Du die wichtigsten Scheine (Lege je einen passenden dazu!)

5 € Euro

10 € Euro

20 € Euro

50 € Euro

100 € Euro

Es geht zunächst um das Kennenlernen und Wiedererkennen von Geldstücken und Scheinen überhaupt. Den wahren Tauschwert erfassen wenige.

Welcher Schein gehört hierhin? (Lege je einen passenden dazu!)

	5 € Euro
	10 € Euro
	20 € Euro
	50 € Euro
	100 € Euro

Es geht zunächst um das Kennenlernen und Wiedererkennen von Geldstücken und Scheinen überhaupt. Den wahren Tauschwert erfassen wenige.

Hier findest Du alle Euro – Münzen (Lege je ein passendes Geldstück dazu!)

		**1 Cent**
		**2 Cent**
		**5 Cent**
		**10 Cent**
		**20 Cent**
		**50 Cent**
		**1 € Euro**
		**2 € Euro**

Hier findest Du alle Euro – Münzen (Lege je ein passendes Geldstück dazu!)

		1 Cent
		2 Cent
		5 Cent
		10 Cent
		20 Cent
		50 Cent
		1 € Euro
		2 € Euro

Beispiel Geldbeträge zählen und legen

Geld:

Wie viel hat Susi schon gespart? Um ihr Geld besser zählen zu können, hat sie es auf ihren Tisch gelegt:

Stolz zählt sie die Geldstücke zusammen und fragt ihre Mutter, was sie dafür kaufen kann. **Was meinst Du?**

Marko hat auf dem Flohmarkt ein schönes Auto gesehen, das er gerne kaufen möchte. Hat er genug Geld in seinem Portemonnaie? Er fragt seine Vater, ob das ganze Kleingeld ausreicht.

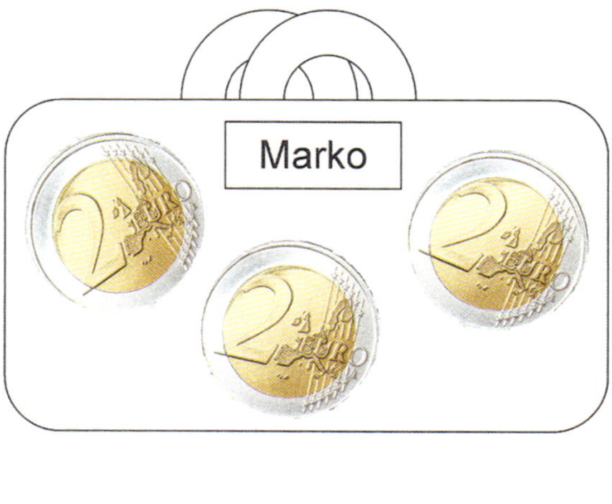

Geld: Blanko Kopiervorlage:

Wie viel hat Susi schon gespart? Um ihr Geld besser zählen zu können, hat sie es auf ihren Tisch gelegt:

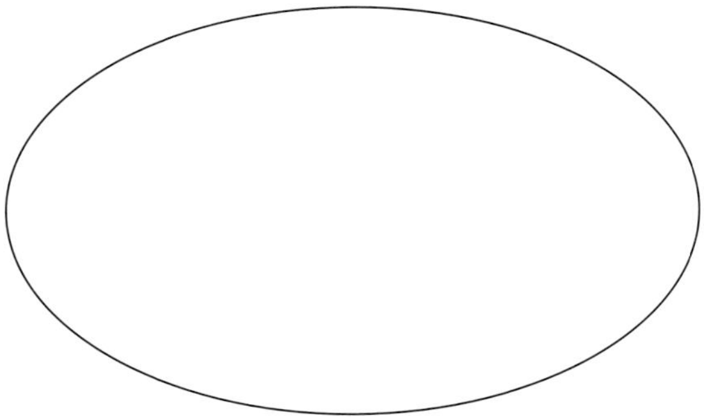

Stolz zählt sie die Geldstücke zusammen und fragt ihre Mutter, was sie dafür kaufen kann. **Was meinst Du?**

Marko hat auf dem Flohmarkt ein schönes Auto gesehen, das er gerne kaufen möchte. Hat er genug Geld in seinem Portemonnaie? Er fragt seine Vater, ob das ganze Kleingeld ausreicht.

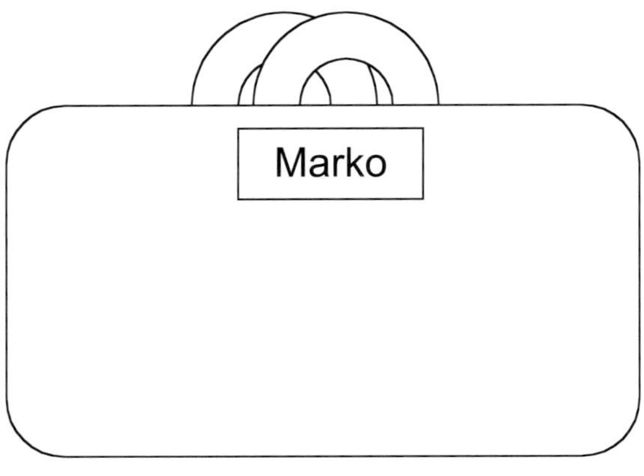

Kopiervorlagen Uhrenstempel (analog und digital)

zum Eintragen individueller Uhrzeiten und Gestalten schülerbezogener Arbeitsblätter

Beispielaufgaben:

- *Trage die gleiche Uhrzeit in Zahlen auf der Digitaluhr ein!*
- *Male die gleiche Uhrzeit mit Stunden- und Minutenzeiger in die Analoguhr ein!*
- *Trage folgende Uhrzeit in die Digitaluhr ein: ....*
- *Male folgende Uhrzeit mit Stunden- und Minutenzeiger in die Analoguhr ein: ......*
- *Wann kommt Dein Bus / Taxi?*
- *Wann kommt Deine Lieblingssendung im Fernsehen?*

u.s.w.

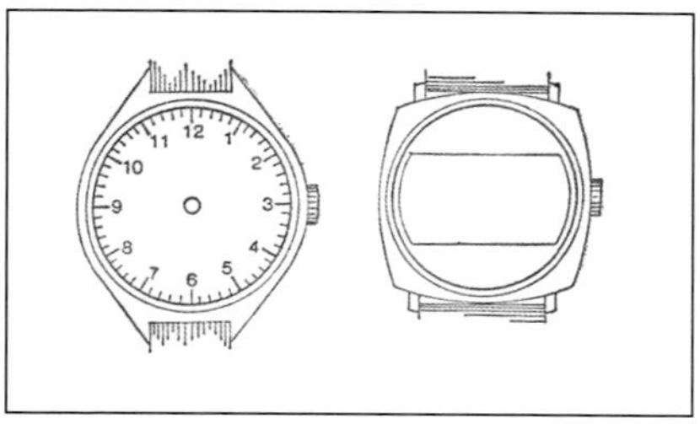
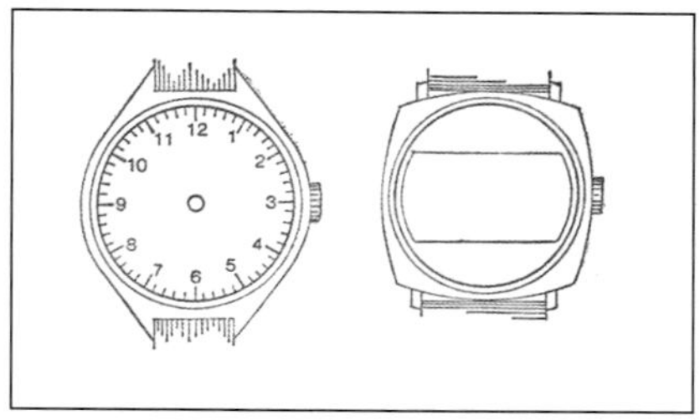

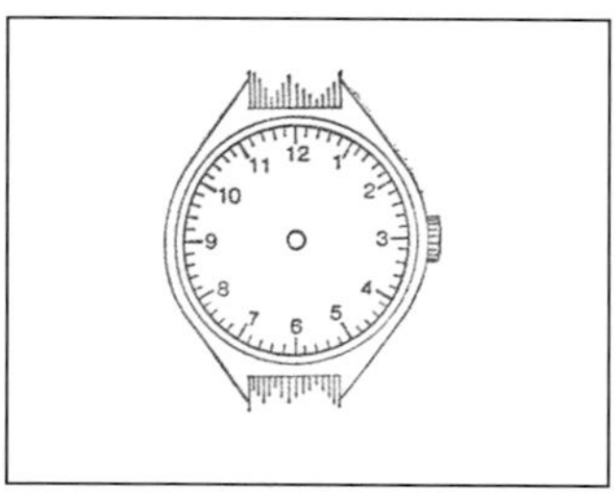
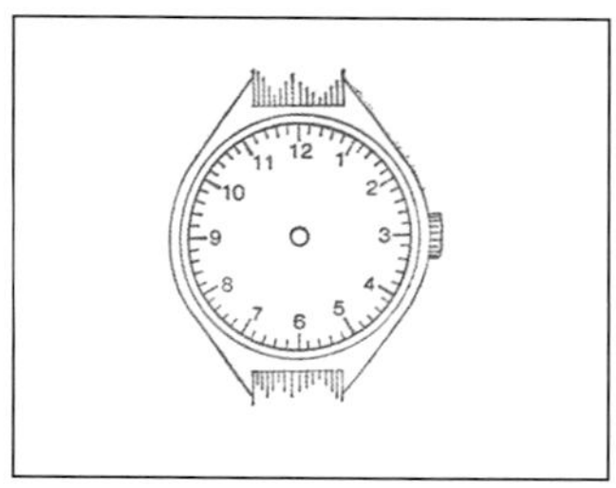

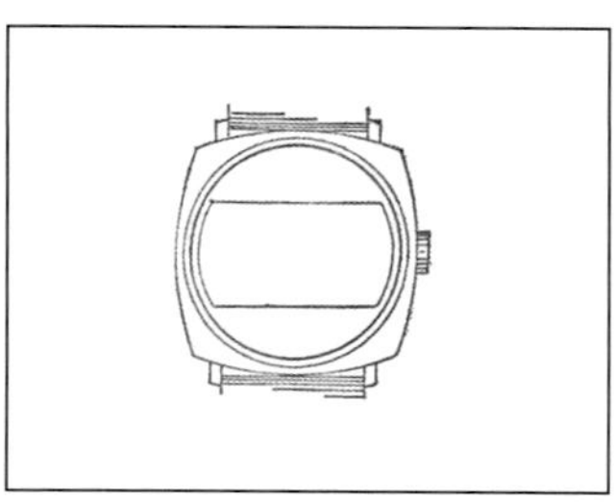
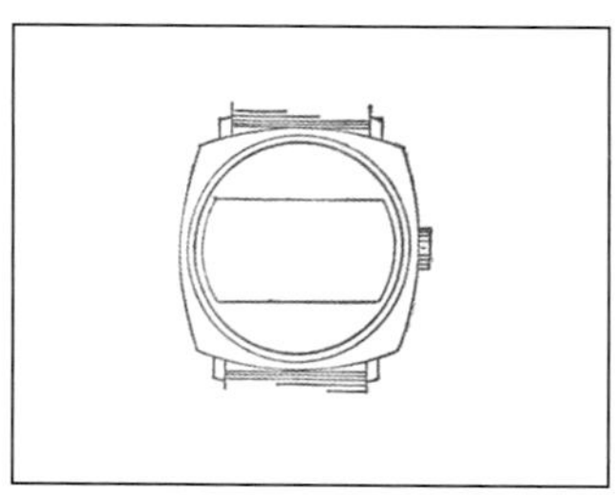

14.14 Beispiel Minusaufgabe

Kalle und Petra haben Kekse gebacken und auf ihren Tellern verteilt.

1.: Wie viel Kekse hat Kalle? Wie viele Kekse hat Petra?

2.: Wie viele Kekse hat Kalle / Petra schon gegessen?

Kalle: **Petra:**

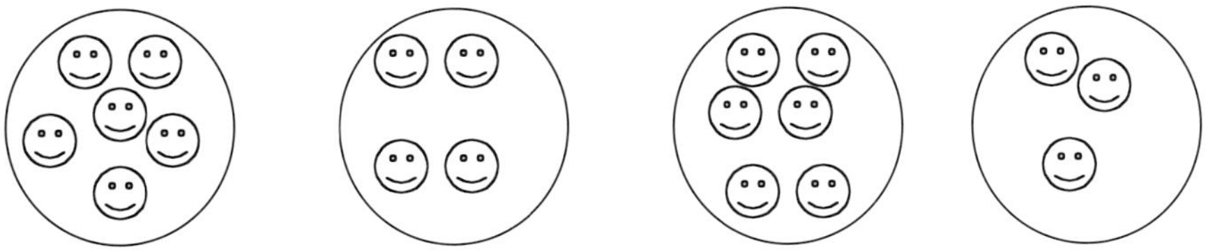

morgens abends morgens abends

Male jedem Kind gleich viele Kekse auf den Teller (2, 3, 4, 5, 6..): ✎

Sarah

Meike

Klaus

Sven

Material: Einfach, schnell und preiswert lassen sich „Teller“ aus Moosgummi herstellen. Als „Kekse“ dienen Muggelsteine o.ä.

14.15 Ergänzende Bildvorlagen zur Förderkiste

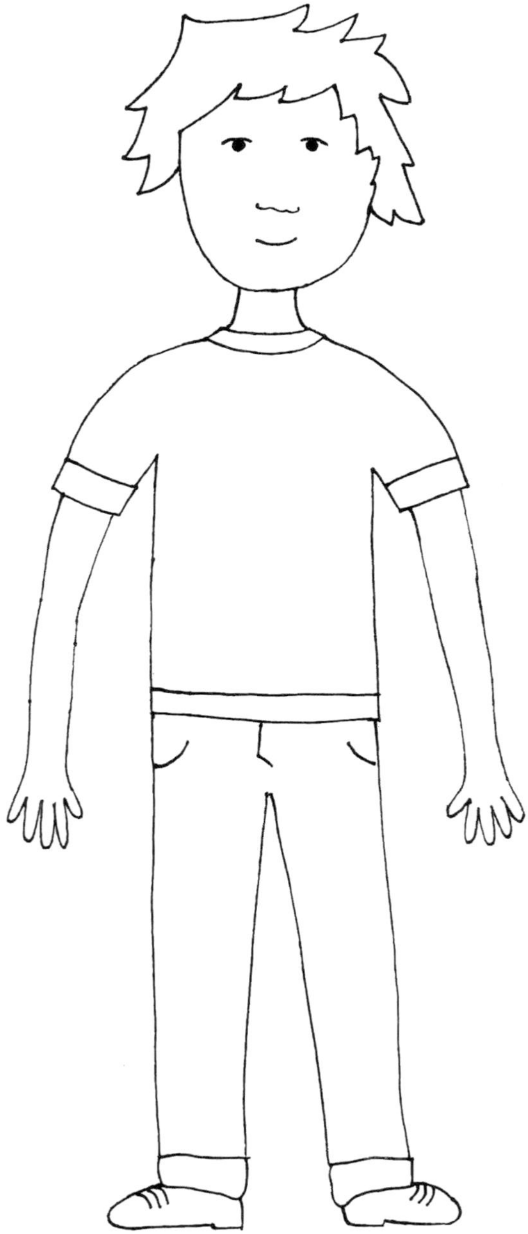

Bitte auf A4 vergrößern

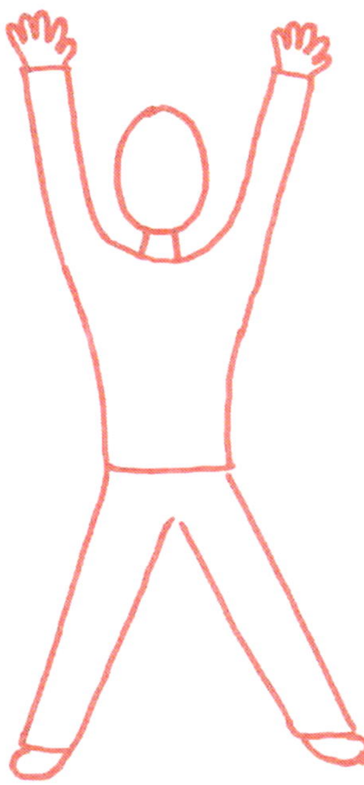

Bitte auf A4 vergrößern

Bitte auf A4 vergrößern

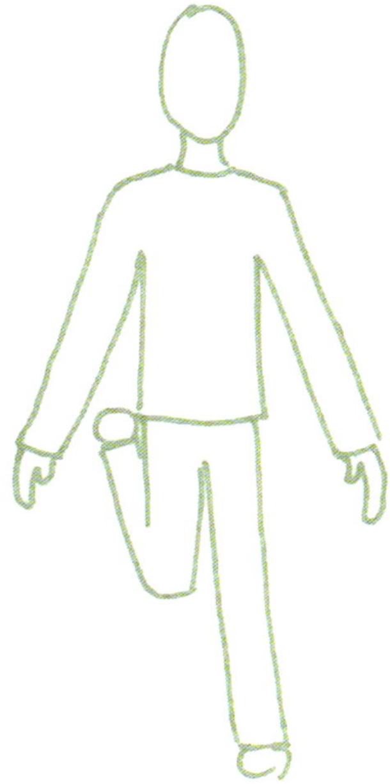

Bitte auf A4 vergrößern

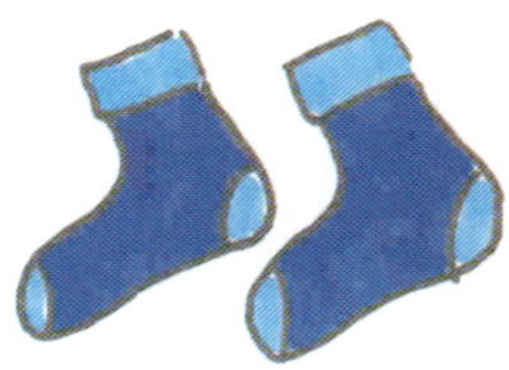

Bitte auf A4 vergrößern

Bitte auf A4 vergrößern

Bitte auf A4 vergrößern

Bitte auf A4 vergrößern

Bitte auf A4 vergrößern

15. Ausblick

In diesem Buch sind wesentliche Grundlagen zum Erwerb mathematischer Basiskompetenzen erläutert. Sie stellen das Fundament für alle weiteren mathematischen Kompetenzen dar und ermöglichen erst den rechnerischen Umgang mit Zahlen, auf den mehr im letzten Teil des Buches eingegangen wird. Wichtige Orientierungshilfe bei der Einordnung der Lernvoraussetzungen bietet das in verschiedenen Zusammenhängen vorgestellte „Lernstrukturgitter" von Kutzer, das auf die besonderen Lernmöglichkeiten der Schüler an der Schule für Geistigbehinderte angepasst wurde und Hinweise für die jeweiligen Förderschwerpunkte unter Berücksichtigung der individuellen Abstraktionsmöglichkeiten aufzeigt. Die zahlreichen Abbildungen und Übungsvorschläge sollen Anregungen bieten, mathematische Fertigkeiten in sinnvollen Alltags- und Spielsituationen zu entwickeln und zu festigen. Ich hoffe, das sich daraus ausreichend Impulse für die eigene Arbeit mit heterogenen Lerngruppen ergeben und vielleicht auch der eigene Zugang zu mathematischen Inhalten neue Perspektiven erhält.

Für besondere Teilthemen wie z.B. umfangreicherer Umgang mit Uhrzeiten, Längenmaßen, Hohlmaßen wird auf die im gleichen Verlag erschienenen Hefte der Übungsreihen für Geistigbehinderte verwiesen.

Für diejenigen Leser, die für ihre leistungsstärkeren Schüler Anregungen suchen, stellen die vorgestellten Computer-Lernprogramme eine gute Übungsmöglichkeit dar, daneben sind sie zum Teil auch noch individuell zu ergänzen.

Für Schüler mit geringerem Förderbedarf lassen sich zudem Inhalte und Übungen in Lehrwerken für den Unterricht mit lernbeeinträchtigten Schülern finden.

Kontakt

Für Rückmeldungen und weitere Anregungen bitte wenden an:

Carin de Vries

Oldenburger Str. 11

26188 Edewecht

mail: carin.de.vries@uni-oldenburg.de

16. Literaturhinweise

Bruner, J.S. Studien zur kognitiven Entwicklung
Stuttgart 1971

Bundschuh, K. Heilpädagogische Psychologie
München 2002

Kornmann, R. Alle Kinder alles lehren (unveröffentlichter Tagungsband)
Heidelberg 2002

Kutzer, R. Mathematik entdecken und verstehen; Lehrerband 1
Lydia Kutzer Verlag 2002

Lorenz, J.-H. Kinder entdecken die Mathematik
Braunschweig 1997

Lüschen, A. Didaktische Konzepte im Deutsch- und Mathematikunterricht für Schülerinnen und Schüler mit einer geistigen Behinderung; in: Mühl, H. : Einführung in die Schulpädagogik; Oldenburg 1997

Mühl, H. Einführung in die Geistigbehindertenpädagogik
Stuttgart 2000

Oerter, R. / Montada, L. Entwicklungspsychologie
München 2002

Piaget, J. Psychologie der Intelligenz
Stuttgart 2000

Piaget, J. Meine Theorie der geistigen Entwicklung
Frankfurt/Main 1993

Speck, O. Menschen mit geistiger Behinderung und ihre Erziehung: Ein heilpädagogisches Lehrbuch; München 1999

Unterrichtsbezogene Literatur:

Bächli, G.	Zirkus Zottelbär. Zürich 1985
Blümer, T. / Gräve, R. / Opitz, M.	Rechne mit Zalo Zifferli Band 1-3 Donauwörth 1999
Dank, S.	Geistigbehinderte lernen die Uhr im Tagesablauf kennen. Übungsreihen für Geistigbehinderte; Heft A 1 Dortmund 1997
Dank, S.	Geistigbehinderte lernen den Umgang mit dem Längenmaß. Übungsreihen für Geistigbehinderte; Heft A 5 Dortmund 1995
Fröhlich, G.	Mein erstes Entdeckerbuch. Ich kenne die Zahlen. AOL-Verlag Lichtenau 2000
ISB Erstrechnen	Erstrechnen I – III Staatsinstitut für Schulpädagogik und Bildungsforschung München; Handreichungen Rechnen; Grundlegende mathematische Fähigkeiten; Würzburg 1991
Kutzer, R.	Mathematik entdecken und verstehen Diesterweg Verlag und Verlag Lydia Kutzer Hünfeld 2002
Moog, A. / Schultz, A.	Zahlen begreifen. (Diagnose und Förderung bei Kindern mit Rechenschwäche) Berlin 1999
Reich, F.	Anbahnung des Zahlbegriffs bei Geistigbehinderten Übungsreihen für Geistigbehinderte; Heft A 8.1–A 8. 3 Dortmund 1997, 1996, 1997
Schiller, P. / Peterson, L.	Wunderland Mathematik AOL-Verlag, Lichtenau 2001
Schmitz, G. / Scharlau, W.	Mathematik als Welterfahrung Dortmund 1993

Waskönig, U. / Hardtung, Chr. — Geistigbehinderte benutzen Hohlmaße
Übungsreihen für Geistigbehinderte; Heft A 3
Dortmund 1994

Vertiefende Literatur

Aebli, H. — Zwölf Grundformen des Lehrens
Stuttgart 1983

Aebli, H. — Zwölf Grundformen des Lernens
Stuttgart 1987

Ayres, J. — Bausteine der kindlichen Entwicklung.
Berlin/Heidelberg 1984

Baroody, A.J. — A Guide to Teaching Mathematics in the Primary Grades.
Boston 1989

Behring, K. / Kretschmann, R. / Dobrinth, Y. — Prozessdiagnose mathematischer Kompetenzen. Band I – III. Horneburg 1999

Biewer, G. — Montessori - Pädagogik in der Schule für Geistigbehinderte. Geistige Behinderung 2/1994, S. 1ff.

Christinai, R. — Schuleingangsphase: neu gestalten. Berlin 2004

Dinges, Erik — Systematische Beurteilung und Förderung schulischer Leistungen. Dissertation. Hamburg 2002

Ezawa, B. — Zählen und Rechnen bei geistig behinderten Schülern
Frankfurt 1996

Fritz, A, / Ricken, G / Schmidt, S. — Rechenschwäche. Weinheim 2003

Gaidoschik, M. — Rechenschwäche-Dykalkulie
Eine unterrichtspraktische Einführung für LehrerInnen und Eltern. Horneburg 2003

Gelman, R. / Gallistel, C.R. The Child's Understanding of Number Cambridge 1978

Ginsburg, H. / Opper, S. Piagets Theorie der geistigen Entwicklung Stuttgart 1993

Haug, Ch. Lesen und Rechnen mit geistig behinderten Kindern. Wien 1977

Jetter, K.-H. Leben und Arbeiten mit behinderten und gefährdeten Säuglingen und Kleinkindern. Mit einem Beitrag von Franz Schönberger. Stadthagen 1984

Kiphard, E. J. Wie weit ist ein Kind entwickelt? Dortmund 1994

Kornmann, R. Entwicklungsorientierte Überlegungen und praktische Beispiele für ein pädagogisches Verständnis von Mathematik, das keinen Menschen ausschließt; unveröffentlichtes Manuskript. Heidelberg 2002

Mühl, H. Einführung in die Schulpädagogik. Oldenburg 1997

Müller, G.N. / Wittmann, E. Ch. (Hrsg.) Mit Kindern rechnen. Beiträge zur Reform der Grundschule. Band 96. Frankfurt 1995

Nds. MK NIEDERSÄCHSISCHES KULTUSMINISTERIUM: Rahmenrichtlinien für den Unterricht in der Schule für Geistigbehinderte. Hannover 1985

Pitsch, H.-J. Zur Entwicklung von Tätigkeit und Handeln Geistigbehinderter. Oberhausen 2002

Radatz, H. / Schipper, W. u.a. Handbuch für den Mathematikunterricht 1. Schuljahr. Anregungen zur Unterrichtspraxis. Hannover 1996

Ratz; Ch. / Schneider, K.-H. Materialgeleitetes Lernen an der Schule zur individuellen Lebensbewältigung. Würzburg 1998

Scheerer, P. Entdeckendes Lernen im Mathematikunterricht der Schule für Lernbehinderte. Heidelberg 1995

Schütte, S. Mathematiklernen in Sinnzusammenhängen. Forum Grundschule. Klett 1994

SEKRETARIAT der ständigen Konferenz der Kultusminister der Länder in der. Bundesrepublik Deutschland (Sonderschule) Neuwied: Luchterhand 1980

VDS SONDERPÄDAGOGISCHER KONGRESS VDS 2001 : Band II: Entwicklung fördern – Impulse für Didaktik und Therapie. Würzburg 2001

Vries, C. de : Erstunterricht Mathematik an der Schule für Geistigbehinderte. Unveröffentlichtes Manuskript 2004

Vries, R. de Die Bedeutung der Abstraktion im mathematischen Anfangsunterricht. Dissertationsschrift Hamburg 1998

Wember, F. B. Die Entwicklung des Zahlbegriffs aus psychologischer Sicht. In: Fritz, A., Ricken, G. & Schmidt, S. (Hrsg.): Rechenschwäche Weinheim 2003

Werner, B. Rechenschwäche - oder nicht geförderte Fähigkeiten. Zeitschrift für Heilpädagogik 10/99, S. 471 - 475

Wittmann, Ch. Grundfragen des Mathematikunterrichts. Wiesbaden 2002

Wunderlich, G. / Bares, H., Wo Kinder rechnen lernen. Embsen-Oerzen Der Kleine Verlag 2000

Ergänzende Literaturhinweise zur 2. Auflage

Grüßing, M. / Peter-Koop, A. (Hrsg.) Die Entwicklung mathematischen Denkens in Kindergarten und Grundschule: Beobachten – Fördern – Dokumentieren. Offenburg, 2006

Naumann-Kipper, P. 3, 2, 1 – viele, wenig, keins. Zahlen, Mengen und Muster entdecken. Freiburg, 2006.

Padberg, F. Didaktik der Arithmetik – für Lehrerausbildung und Lehrerfortbildung. Heidelberg, 2007.

Tests:

Krajewski, K. / Küspert, P. / Schneider, W.	DEMAT 1+ Göttingen 2002
Schmitz, G. Holz, K.-L. u.a.	HKI Heidelberger Kompetenz Inventar für geistig Behinderte. Heidelberg 1991, 4. Auflage
Van Luit, J.E.H. / Van de Rijt / Hasemann, K.	OTZ Osnabrücker Test zur Zahlbegriffsentwicklung Göttingen 2001

Informelle Verfahren:

Heuer, G. U.	Beurteilen-Beraten-Fördern Dortmund 1997
Senator für Bildung und Wissenschaft Bremen	Mit der Hexe Mirola durch den Zauberwald Beobachtungshilfen am Schulanfang Bremen 2004

Sonderpädagogik
Neue Perspektiven

Birgitta Keuter / Annemarie Joost

Freiarbeit mit Schwerbehinderten

(Übungsreihen für Geistigbehinderte H7)

Die Schwerpunkte liegen in diesem Buch auf den Förderbereichen Wahrnehmung, Motorik, Kommunikation.

Zu diesen Förderbereichen werden sowohl verschiedene Förderschwerpunkte als auch vielfältige Materialien vorgestellt, die die verschiedenen Förderschwerpunkte berücksichtigen.

Den Kern des Heftes bildet wiederum eine umfangreiche Materialsammlung. Hier werden neben einer umfassenden Materialbeschreibung die Ziele und differenzierte Möglichkeiten der Benutzung durch die Schüler aufgeführt. Ebenso geben die Autorinnen sonderpädagogische Hinweise, die für einen erfolgreichen Einsatz der Materialien wesentlich sind. Die Autorinnen stellen dabei zahlreiche Materialien vor, die kostengünstig selber herzustellen sind.

2009, 80 S., Format 16x23cm,
geh, ISBN 978-3-8080-0638-2, Bestell-Nr. 3647, € 12,80

Krista Mertens / Franziska Tag / Martin Buntrock

Snoezelen

Eintauchen in eine andere Welt

„Den Begriff kennt inzwischen jeder Pädagoge. Er ist gleichbedeutend mit einer Steigerung des Wohlbefindens in einem besonderen Umfeld. Das Buch eignet sich sehr gut für die tägliche Praxis in Kindergarten und Schule.

Hier finden wir 20 Stundenbeispiele für das gezielte Snoezelen, die sich mit ganz unterschiedlichen Menschen (vom Kind bis zum Senioren) durchführen lassen. Die Einheiten sind für zirka 60 Minuten konzipiert. Es ist nicht unbedingt notwendig, einen besonderen Raum für die Snoezelen-Stunden zu haben. Oft reicht es schon, ihn mit einfachen Mitteln umzugestalten. Die entspannende Musik auf der beiliegenden Audio-CD wurde von Martin Buntrock speziell für diese Einheiten komponiert. Klanglich wunderbar!

Fazit: Ein sehr gutes Buch für die Praxis mit vielen wertvollen Tipps und Hinweisen." Marianne Broglie, skg-forum.de

2008, 192 S., Beigabe: Audio-CD mit Musik von Martin Buntrock, farbige Abb., Format 17x24cm, fester Einband
ISBN 978-3-8080-0610-8, Bestell-Nr. 1229, € 24,60

Reinhilde Stöppler / Meindert Haveman

„Spielen will gelernt sein!?"

Spiele für Menschen mit geistiger Behinderung

Ein großer Teil der aktuellen und beliebten Gesellschaftsspiele ist für Kinder, Jugendliche und Erwachsene mit geistiger Behinderung aufgrund der Komplexität des Regelwerkes, der Terminologie, der kognitiven und auch motorischen Anforderungen zu anspruchvoll. Viele Gesellschaftsspiele sind jedoch modifizierbar, so dass sie auch für den angesprochenen Personenkreis spielbar sind und ohne dass die zugrunde liegende Spielidee verloren geht. Hier werden neben neuen Spielen Anregungen zur Modifikation unterschiedlicher Spiele und praktische, in integrativen und sonderpädagogischen Einrichtungen erprobte, Umsetzungsbeispiele vorgestellt.

2009, 152 S., farbige Abb., Format 16x23cm, Ringbindung
ISBN 978-3-8080-0644-3, Bestell-Nr. 3651, € 19,80

Winfried Palmowski

Nichts ist ohne Kontext

Systemische Pädagogik bei „Verhaltensauffälligkeiten"

Im Mittelpunkt stehen hier die Beziehungsmuster und Spielregeln, die das Verhalten der beteiligten Personen bestimmen. Sie lassen sich leichter verändern, als die Menschen selbst. Insofern stellt die systemische Sichtweise eine nützliche Ergänzung der Konzepte einer Pädagogik bei schwierigen Kindern und Jugendlichen dar. Dieses Buch bietet eine leicht lesbare Einführung in systemische Sichtweisen in pädagogischen Kontexten und behält dabei immer die Bedeutung für Praxis und für veränderte Praxis im Auge. Hier warten zusätzliche Handlungspotentiale darauf, erfunden zu werden. Insofern wendet sich dieses Buch an alle, die mit pädagogischer Praxis befasst sind, und die ein Interesse haben an der Reflexion und dem Gedankenaustausch über ihr pädagogisches Handeln und Möglichkeiten seiner Veränderung.

2007, 224 S., Format 16x23cm, br
ISBN 978-3-8080-0602-3, Bestell-Nr. 1306, € 19,50

Rechnen lernen leicht gemacht

Carin de Vries

Mathematik an der Schule für Geistigbehinderte

Grundlagen und Übungsvorschläge für Diagnostik und Förderung

„Insgesamt bietet das Buch einen ausführlichen Überblick über die Zielsetzungen, Unterrichtsformen und Medien im klassischen Lernbereich, Umgang mit Mengen, Zahlen und Größen. In diesem Sinne kann es als gutes Lehrbuch, als Zusammenfassung der wichtigsten Unterrichtsinhalte im Bereich Pränumerik und Zahlbegriffsentwicklung verstanden werden. Dabei haben die dargestellten Beispiele keineswegs Rezeptcharakter, sondern fordern zur eigenen Planung, zur individuellen Anpassung an die Lerngruppe auf. Das Buch schließt hier eine Lücke, die in der Literatur zur Unterrichtspraxis im Lernbereich Mathematik schon viel zu lange bestand." Christoph Kant, Zeitschrift für Heilpädagogik

2. Aufl. 2010, 176 S., farbige Abb., Format 16x23cm, br
ISBN 978-3-8080-0583-5, Bestell-Nr. 3619, € 15,30

Carin de Vries

DIFMaB – Diagnostisches Inventar zur Förderung Mathematischer Basiskompetenzen

„Eine optimale Förderung setzt eine exakte Diagnostik der Lernausgangslage voraus. Dafür bietet das Ringbuch ein kindgemäß aufbereitetes Material, mit dem mathematische Basiskompetenzen von den Fähigkeiten im pränumerischen Bereich über das Verständnis des Zahlbegriffs bis hin zum Verständnis grundlegender Rechenoperationen erfasst werden können. Die Aufgaben beinhalten die Abstraktionsstufen vom handlungsorientierten Umgang mit konkreten Materialien bis zur Arbeit mit Symbolen. Für jede Aufgabe liegt ein Feindiagnosebogen vor, in den die erreichten Ergebnisse eingetragen werden können und zusammenfassend in einen Förderbegleitbogen geordnet werden. Für den Einsatz des gut strukturierten Materials gibt es entsprechende Anleitung genauso wie Hinweise für die weitere Förderung. Das Material ist kleinschrittig und umfassend vorbereitet und ohne großen Aufwand umsetzbar." Fördermagazin

2008, 168 S., farbige Vorlagen, Format DIN A4, Ringbindung / Alter: 6-10
ISBN 978-3-8080-0624-5 Bestell-Nr. 3645, CHF 36,50, € 22,50

Carin de Vries

Was kostet das in €uro?

Arbeitsblätter zum Umgang mit Geld – Differenzierte Übungsblätter

In diesem Arbeitsheft finden sich zahlreiche strukturierte Kopiervorlagen für die direkte Umsetzung im eigenen Unterricht, in der Freiarbeit oder zur gezielten Einzelförderung.

Ausgehend von den Vorerfahrungen und Vorkenntnissen, die mit geeigneten Vorlagen im 1. Kapitel schnell erfasst werden können, widmet sich das 2. Kapitel der Vorstellung von Tauschwerten zu unterschiedlichen Münz- oder Scheinwerten.

Auf der Grundlage dieser Informationen kann die Lehrkraft aus den folgenden Kapiteln in aufsteigenden Schwierigkeitsgraden zunächst einfache Geldbeträge mit Spielgeld nachlegen lassen (Kapitel 3) oder den Schülern Gelegenheit bieten, sich in der Addition mehrerer Beträge für unterschiedliche Kaufartikel zu üben (Kapitel 4).

Im 5. Kapitel geht es bereits um alltagsbezogene Sparanlässe (Ergänzungsaufgaben) für angestrebte Kaufartikel, die je nach Lernvoraussetzungen eingesetzt werden können.

Im 6. Kapitel werden geeignete Blanko-Vorlagen zur Gestaltung eigener Arbeitsblätter vorgestellt, das 7. Kapitel gibt Hinweise für die weitere Arbeit z.B. mit Computer zum vertiefenden Üben.

Abgerundet wird das Heft durch eine CD mit entsprechenden Blanko-Vorlagen für die individuelle Arbeitsblattgestaltung am PC.

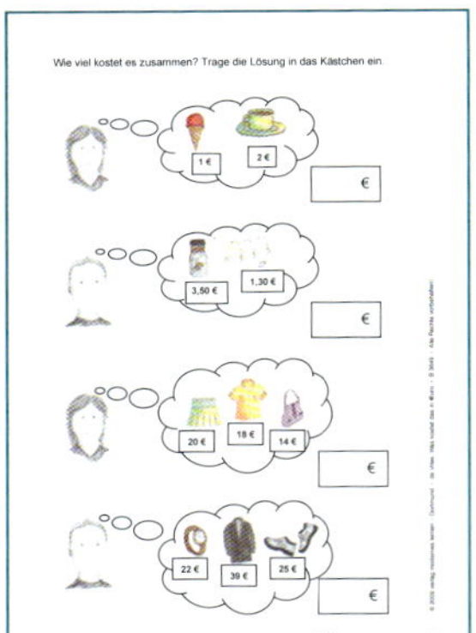

Musterseite

2010, 96 S., Beigabe: CD-ROM mit 140 Arbeitsvorlagen, farbige Abb., Format DIN A4, Ringbindung / Alter: 6-10
ISBN 978-3-8080-0640-5 Bestell-Nr. 3649, CHF 28,90, € 17,80

Leseproben finden Sie unter: www.verlag-modernes-lernen.de Bestell-Nr. eingeben und PDF herunterladen

BORGMANN MEDIA
verlag modernes lernen · borgmann publishing
Schleefstr. 14 • D-44287 Dortmund • Kostenlose Bestell-Hotline: Tel. 0800 77 22 345 • FAX 0800 77 22 344
Ausführliche Informationen und Bestellen im Internet: www.verlag-modernes-lernen.de